当代价值与文化丛书

韩震 主编

多元文化背景下的核心价值观教育

duoyuan wenhua beijingxia de hexin jiazhiguan jiaoyu

石 芳◎著

人民出版社

目　录

导　论

核心价值观是一个国家和民族价值体系中最本质、最具决定作用的部分，它反映了整个价值体系的基本价值倾向和总体发展路向，支撑和影响着社会上所有价值判断，是一个民族、国家最内在、最持久的精神要素。核心价值观的重要性，决定了以传承核心价值观为任务的核心价值观教育的重要性。

文化多元化是当代社会的基本特征。随着经济全球化、市场经济和信息技术的发展，我们步入一个多元文化的时代。价值观是社会文化的核心，文化多元化必然引起价值观的多元化。人们的思想观念激荡碰撞，价值差异与价值多元成为显著的事实。"有越来越多的不可调和的、甚至不可比的宗教、哲学理论、价值观念共存于民主制度的结构中，我们要把多元看作一种正常状态和持久条件。"①

---

① 何玉兴：《价值差异与价值共识》，《河北师范大学学报（哲学社会科学版）》2000年第4期。

在新的时代图景中，核心价值观教育面临着巨大的挑战，其重要性也越发凸显。

就个体而言，价值多元化使人们的生活不再束缚于某种"一元化"、"一体化"的价值权威。"神圣价值"的终结具有解放的意蕴，人们获得了公开运用自己理性的自由，可以重估一切价值。主体的创造性被激发出来，打开了那片属于自己的精神天空，返回自身来寻找价值世界的基础。但是传统一元价值观的解体在"祛魅"的同时也带来价值观的"诸神冲突"。平静的教室不再臣服于任何权威而喧闹起来。传统课堂上那种虔诚的、渴望从教师那里汲取理性精神的眼神很少见了，更多的是富有知识的青年学生之间或者学生们与老师之间猛烈的交战与此起彼伏的质问——"这是谁说的？""为什么它是正确的，你能证明吗？""我不这样想，我看到的社会现实不是这样的。"对于数学、物理等科学知识教育，学生们很少提出信与不信的问题，分歧很快会在确定性的真理面前得以终止，而价值观教育则常常陷入无休止的争论中。在思想活跃、观念碰撞、文化流动变化的时代，共识的达成比以往更加艰难。在现代社会中，人们日益自由，但也深深陷入价值选择的困惑与茫然中，成为卢梭所说的飘摇不定的"思想的芦苇"或鲍曼笔下的孤独漂泊的"旅行者"，越来越不清楚"我是谁"。麦金太尔曾严肃地思考，如果价值对于人类来说没有"价值"，意味着什么？他的回答是——黑暗，人类会处于"黑暗"之中。终极意义的迷失，就个体而言导致"碎片式"的存在，由于不能形成一个完整的、具有逻辑一致性的价值体系，以此去理解和统摄生活，产生出信仰危机和认同危机。绝对意义的一元价值观的完结与多元并立中的迷失，无疑向核心价值观教育发出时代性的呼唤，需要其帮助个体在混乱无序的价值世界中找到安身立命的"主心骨"，在多元的喧嚣中安顿自己的心灵，引领人们走出信仰危机。核心价值观教育能够用普遍性、超越性的价值谱系引领人的生命健康成长，重塑精神世界的崇高，铸就一种扎实而坚定的生命根基，使人超越自然的存在层面将生命最耀眼的本质属性萌发与伸张出来，成为一个真正的精神存在物，成全一种智慧、自觉、超然和有力的人生。

就社会而言，文化多元化使处于不同文化传统和生活境遇、具有不同思维方式和行为方式的人们各自持有不同的价值观念，保卫不同的价值模式。社会系统的价值共识受到一定程度的破坏，人们对社会共同的基本理想、价值取向产生了质疑与困惑，传达出一种精神世界的整体性焦虑。任何一个社会共同体的整合如果仅靠权力的外在强制和威慑，丧失信仰维度的文化认同，社会就行将崩溃和瓦解。面对文化认同问题，社会共同体迫切需要核心价值观为人们的是非判断和价值选择提供一个相对统一、可靠的价值准则，缓解人与人之间的冲突，重建和谐的价值秩序。同时需要核心价值观及其教育来凝聚和塑造它的成员，形成全社会的广泛认同，使人们团结起来自觉沿着核心价值观引领的方向共同努力。特别是在全球化时代，世界范围内的多元文化格局使认同问题更加凸显。各民族的文化、价值观念如蔓藤般延伸到其他文化中，各种文化的"对话"使人们对自己的文化和价值观产生自觉，不得不思考"我们是谁"以及"我们属于什么群体"的问题。各国之间的价值观和意识形态之争成为一个显著的现象。文化价值观的竞争实质上是利益的竞争，西方发达国家凭借其发达的经济和强大的军事实力，试图将自己的文化谱写成普世文明在全球推行，从而实现由其主导的政治、经济一体化和文化的同质化。文化价值观作为国家的软实力，不仅关涉到新的时代背景下国家凝聚力的形成和认同感的培养，还关涉到国家的文化安全和主权国家的合法性统治。在世界上有着重大影响的国家都把核心价值观的建构与教育作为重要的战略任务，将核心价值观纳入国民教育中，使之在全社会普及与强化。

相比于西方发达国家，作为发展中国家的中国，加强社会主义核心价值观教育的任务无疑更为紧迫。改革开放、市场经济带来利益格局的转变，加之与不同国家、不同文化之间开放交流的拓展，中国人的价值观念呈现多元化的态势。改革开放的历史进步性决定并确证了人们价值观变化的进步性；同时，价值秩序的变迁中的确又充满了多元价值观之间的碰撞、紧张、悖论、冲突，价值相对主义、虚无主义以及核心价值观不彰显成为影响中国公民文明素质提升、社会健康和谐发展的严峻问题。客观地讲，社会观念越是多元化，就越需要统摄和引导社会协调发展的理念。中国社会价值秩序的重建和文化转型需要中国特色社会主义核心价值观为之提供依据。社会主义核心价值观在文化观念层面回答了"什么是社会主义"的问题，它是社会主义的精神自我，是中华民族的"主心骨"，关系坚持和发展中国特色社会主义，关系实现中华民族伟大复兴。因此，把社会主义核心价值观融入国民教育的全过程，是我们对核心价值观及其教育之意义自觉之后的必然选择。

文化多元化的时代图景，不仅仅对核心价值观"何以可能"的合法性问题提出了挑战，而且对核心价值观教育内容的合理性、方法的有效性和途径的多样性提出了全面的质疑，需要核心价值观教育在对挑战的回应中，以建设性的姿态，重新剖析、理解和建构自身。

　　在教学内容上，传统教育习惯于列出一些抽象的、高大远的"德性清单"，从三四条到一百多条，这些内容大多和众人的现实生活保持距离，纯粹"理想化"、"净化式"的教育内容在"多元"的"干扰"下，往往十分脆弱，很多时候不仅不能带来期望的统一，反而造成了更大的分裂。在价值观多元化的现时代，"核心"内容的确定不是在单纯的环境中，而是处于与"多元"相互作用的复杂关系中，其内容的合理性必然不是片面的合理性，而是一种整体的合理性，要以"和谐式"思维，协调个体性与社会性，意识形态性与非意识形态性，理想性与现实性，民族性与世界性，理性合理性、世俗合理性和历史合理性等诸多充满张力的关系，建构一套多元要素和谐共生的内容谱系。核心价值观是在与多元价值观的博弈中成长的，在教育实践中既不能以"一"镇压"多"，也不能以"多"颠覆"一"，而应在"核心"与"多元"的双向互动中，建构一个超越分立的"多"的别样的"一"，和特别的"一"统摄下的生动的"多"。既坚持"一"的引领，以"一"容纳、整合"多"，也要吸收和凝聚"多元"的力量，使"核心"成为一种更加成熟、更为完善的价值观念。只有先进的观念，才能保证核心价值观对多元的引领不是一种压制的力量和自命的霸权。

　　在教学方法上，传统的核心价值观教育者通常事先制定好具有确定不移的教育目标的手册，要求学生阅读富含崇高价值观念的"经典文本"，并以灌输、模仿和训练的方式来完成教育任务。他们也经常宣扬英雄模范，或者求助于某种"政治信条"，在学校营造一种崇高而严肃的教育风气。经典叙事、监督、修正和压制等精细的灌输手段，把人的精神拉上普罗克拉斯的铁床，人被削足适履地接受塑造。教育对象失去了反思生活的勇气和检视生活、创造生活的能力，人不再公开运用自己的理性去判断和选择，不再去追问什么是有意义的生活，只是接受教育给他的全部，思想处于一种被谋划、被牵制的状态。核心价值观教育不可能通过"灌"的方式获得，它是主体在多元价值观的比较、鉴别、反思和批判中，对有意义的生活自主自觉的追求过程。时代要求我们必须为教育方法注入一种面对多元文化的新的范式，实现由教育者与受教育者主客二元对立的模式到主体间性教育范式的转化：通过平等对话，把对方当作一个活生生的人，在开放的、自由的思想场域中实现我与你平等的精神相遇；通过"理解"思考此在的深刻意义，并在视域融合中面向"能是"不断探求、筹划新的可能生活；通过"语言澄明"将生命开显出来，通向大真大美之境，建构人诗意栖居的家园。

传统核心价值观教育的路径主要是学校教育和主流媒体的宣传。单一的教育途径已经不能适应时代的要求。在多元文化社会中，人们的文化交往、社会联系比以往任何时候都更加广泛，影响人们价值观念的因素和渠道也越来越多。这要求当代核心价值观教育的路径应该打破单一、封闭的旧格局，尽可能地扩大自身的作用范围，开拓多种路径，特别是在大众传媒飞速发展的时代，抓住新型媒介拓展新的教育渠道。核心价值观教育的路径建设要从整体着眼，综合利用学校、法律规范、大众传媒，以及家庭、社区等各种社会机构的力量，形成一个整体性、开放性、综合化的全社会积极参与的"大教育"体系，将核心价值教育内嵌到国家制度、社会管理、舆论环境和大众文化生活中，同时使各种力量相互配合、取长补短，形成一种联合互动的机制，发挥价值观教育路径的整体合力。

通过对上述现实问题的分析和回应，一种新型的、完整的价值观教育模式成为时代的呼唤。在较为封闭、单一的社会结构基础上，建立起来的传统价值观教育模式有其合理性，但是同质化社会的价值观念比较单一，主要是官方的、制度化的意识形态教育，这种教育模式已不能适应今天多元价值观并存且相互碰撞的社会现实。在新背景下，探索一种关于核心价值观教育的理论，开发和形成一套实践中促进核心价值观教育发展的策略或原则成为使然。一体多元的教育模式是核心价值观及其引领下的多元价值观和谐共生的新模式，它既坚持核心价值观的统摄性，又承认核心价值观在具体领域表现的多元化和个人价值选择的多样性，既在价值体系的指导思想上坚持一元性，又在具体内容、实现方法、教育途径上表现出多元化，为多元文化时代核心价值观教育提供一种方法上的指导。

第一章

文化多元化对核心价值观教育的冲击

任何时候我们想要讨论教育上的一个新运动，就必须特别具有比较宽阔的或社会的观点。否则，我们会把学校制度和传统的变革看成是某些教师的任意创造。最坏的是赶时髦，最好的也只是细节上的改善——这就是我们通常过于习惯地用来考虑学校的变革的那种观点。这好比把机车和电报机看成是个人的发明一样。教育方法和课程正在发生的变化如同工商业方式的变化一样，乃是社会情况改变的产物，是适应在形成中的新社会的需要的一种努力。[1]

——杜威：《学校与社会》

教育的变革乃是社会状况改变的反映。特别是核心价值观教育，与其他教育相比，同社会政治、经济、文化系统的关联更为直

---

[1] 任钟印：《世界教育名著通览》，湖北教育出版社1994年版，第1078页。

接和密切。只有从与核心价值观教育相联系的社会状况的研究入手，才能准确揭示当前核心价值观教育所面临的基本问题，使教育改革在本质上契合新时代的需要，而不停留于形式或细节上的完善。

我们时代的状况是怎样的？尼采写道："这个时代是通过这样的方式获得其意义的：各种世界观、各种风俗文化在这个时代可以被人一个一个地加以比较，被人一个一个地经验到；这在以前是不可能的，因为以前一切文化都只有地域性的支配地位，所有艺术风格都束缚于一个特定的时间和地点。现在，各种形式都把自己摆在人们面前以供比较，而一种强化了的审美感受力将在这种形式中做决定性的取舍：这其中的大部分，及所有被这种审美感受力所排斥的东西，人们将会任其湮灭。同样，在今天，一种较高的道德形式和伦理习俗也在选择，这种选择的目的不是别的，正是要剪除那些较低的道德。这是比较的时代。"① 尼采清晰地揭示了时代转换中文化观念领域呈现的新特征——我们生活在一个多元文化相互比较的时代。原先一种文化处于地域性支配的状态被改变了，各种世界观、文化传统、道德观念、生活方式都突破了特定时空的限制，多姿多彩地展现于人们面前，供大家比较、选择和取舍。面对时代变化所引起的精神层面的嬗变，一些人为绚烂多彩的文化图景和精神世界的自由自主欢呼雀跃、兴奋不已，一些人则体悟到多元隐含的彷徨茫然，感受着在眼花缭乱的取舍中痛苦挣扎和不知所措的滋

---

① ［德］弗里德里希·尼采：《人性的，太人性的》，转引自张旭东：《全球化时代的文化认同——西方普遍主义话语的历史批判》，北京大学出版社 2007 年版，第 2 页。

味。多元文化比较的背后是人对自身存在意义的严肃追问，是不同价值观念之间的角逐。尼采洞见性地指出文化的丰富性及其争斗引发的无序，并不是最终的结果，"它只不过是一种更高秩序出现前的序幕"①。在"比较"的战斗中，生命释放出的永不厌足的激情将会在抓取、排斥或剪除某些道德的过程中驱走虚无和迷茫，通向善的彼岸，多元将归属于一种坚定意志和信仰，一个强大的意义世界终将建构起来。因此，我们所处的是一个多元文化相互比较、冲突、斗争的时代，也是一个积极意义不断孕育生成的时代。

多元文化并存的社会现实构成了教育发展的当代语境。文化语境对于核心价值观教育的影响是深刻的，因为"文化从根本上不是与政治、经济相并列的现象或领域，而是人的一切活动领域和一切存在领域中内在的、机理的东西；是从深层制约和影响每一个体和每一社会活动的生存方式"②。文化作为历史凝结的生存方式，是人的灵魂中最深刻、最稳固的东西，它通过人的观念及观念支配的行动成为社会发展和历史演进的内在理路。因此，进入 21 世纪以来，文化多元化成为影响当代世界发展和社会生活实践各个领域的一个重要因素，它改变着世界的政治经济格局，也以非常深刻的方式影响着每一个人，重构着人们的思维方式和生活样态。多元文化是我们考察当代每一个重大社会问题的基本坐标。置身于这个时代的研究，都不可能忽视这种社会状况的存在，都是基于它、源于它展开的思考、表达的态度和采取的行动。

---

① 参见张旭东：《全球化时代的文化认同——西方普遍主义话语的历史批判》，北京大学出版社 2007 年版，第 3 页。

② 衣俊卿：《文化哲学》，云南人民出版社 2001 年版，第 68 页。

与以往的文化环境不同，多元文化语境意味着核心价值观教育不是在一种纯粹的自我独霸的环境中存在，而是在竞争的、复杂的文化关系中成长，它必须将自己作为一种经过"比较"与"战斗"后获得普遍的东西表达出来。因此，核心价值观教育必须参与到多元文化的讨论中，在"多元"、"殊异"的相互缠斗中，将"恒久"、"崇高"生产并诠释出来，在与时代的正面碰撞中，逐渐澄明自身存在的价值意义，并通过教育内容、方法和途径的改革创新，永葆生生不息的活力和打动人心的力量，从而形成一种新的思想教育秩序或模式。否则，核心价值观教育只能作为一种自我定义和自我表述的存在，具有十足的空洞性和虚幻性，成为一种脱离实际的残弱的精神假设。

第一节　文化多元化与价值观的"诸神共舞"

一、多元文化时代的到来

人是历史活动的主体，也是历史活动的产物。每一个人都处于一定的时代，都无法逃避地被打上他所处的时代的烙印，具有时代的特征。因此，任何人的价值观念和价值理解都是时代的价值观念和价值理解的反映，"时代是人的价值视域的界限"①。

---

① 兰久富：《社会转型时期的价值观念》，北京师范大学出版社1999年版，第189页。

纵观历史，每个时期都存在一些本时代特有的、突出的，能够成为这个时代标志的特征。在文化领域里，我们当今所处的时代与其他时代的一个独特之处就是多元文化并存的社会状态。"多元文化"是一个复杂的概念，在现实中人们常常在不同的意义上理解和使用它：一是作为社会现象的"多元文化"，它描述了一种多种差异性文化共同存在的社会状态和客观事实。如英国多元文化教育家詹姆斯·林奇认为，多元文化指特定地域如行政区、市镇、国家、共同宗教区或全球范围内多种文化共同存在并相互作用的现象。二是作为观念形态的"多元文化"，指承认文化多样性和尊重文化差异性、平等性的思想观念，它是一种社会思潮、一种文化价值观，代表一种处理多种文化之间相互关系的基本态度和思想方式。三是作为制度、政策的"多元文化"，指为了促进不同文化的平等发展和共同繁荣而推行的社会制度和国家政策。本书是在第一种意义上使用"多元文化"概念的，将"多元文化"理解为一种社会文化的存在状态，即一个民族、国家或社会中多种文化共同存在、相互影响、相互作用的社会现象。

1. 文化从"一元"走向"多元"的历史变迁

多元文化最早是 1915 年由美国学者霍勒斯·卡伦提出的，在《民主主义与熔炉》一文中，他针对美国的熔炉政策，指出在美国这样一个移民国家，应该采取一种民主平等的处理文化间相互关系的思维方式，各群体之间要彼此尊重各自的文化传统。

纵观历史演变的过程，多元文化社会的形成和发展，大体经历了三个阶段。

第一阶段：20 世纪 60—70 年代。这一阶段多元文化现象开始受到人们的广泛关注。在西方文化发展史上，20世纪60年代是一个具有界标意义的特殊年代，它标志着西方文化开始从一元走向多元。在60年代以前，西方国家在文化上具有鲜明的一元化特征。美国、澳大利亚、加拿大等一些移民国家均实行"强同化"的文化政策，试图建立一个具有共同文化的民族国家。他们希冀经过一段时间后，具有不同背景的移民能够将各自不同的原文化彻底溶解，"完全、彻底地忘却……与出生国之间的一切义务和联系"①，融入现存的文化价值体系中，统一于新国家的共同的生活方式与行为规范中，即"one out of many"（合众为一）。例如，美国推行的"熔炉政策"力图形成以盎格鲁—撒克逊人的历史传统为基础的一元化美利坚民族文化，新国家努力通过学校教育、法律规范、移民政策等社会制度来压制、改变不同的生活方式、价值观念和意识形态，使主流文化成为唯一的文化，让不同的民族形成统一的"美国信念"。文化同化对于处在国家形成和初步发展时期的移民社会来讲是必需的，它使不同背景的移民忠诚于所在的社会，凝聚人心，在价值观层面上建构起统一的民族国家。

60年代，为了维护少数群体的利益，捍卫不同文化的独立和尊严，批判主流文化的中心主义，同化政策遭到少数文化群体的质疑和反抗。在黑人民权运动、女权运动等一系列斗争的影响下，这些国家开始允许各民族保持各自的文化传统。"熔炉"被"色拉盘"、"马赛克"、"交响乐"、"碎布块拼成的被面"等具有多元主

---

① Isaae Berkson. *Theories of Americanization*：*A Critical Study*. New York：Columbia University Press.1920.p.59.

义色彩的比喻所代替。作为西餐中一道典型的菜品，色拉盘中各种不同的材料都保持各自独特的味道，并不是融合成单一均质的混合物，同时由于共存于一个拼盘中，它们之间在口感和颜色上又需要彼此协调、相辅相成。不同的声音交汇成的合奏，可能产生出更为震撼的力量，不同形状和颜色的碎布有机灵动地拼接在一起会表现出更为独特的审美情趣，这是一种更加开放平等的新的文化发展方式。学校里老师们不再把少数民族孩子与众不同的表达当作需要剪除或消灭的对象，而是作为一种资源参与到讨论中。在这样的政策下，一元文化逐渐瓦解，西方国家进入多元文化时代。

第二阶段：20 世纪 80—90 年代。随着民权解放运动的深入，特别是后现代主义思潮的影响，多元文化的主体更加丰富，更为多元，由最初的民族、种族文化，拓展到更为广阔的领域和层面，包含了不同地区、阶层、性别、信仰等系统的文化。"多元"超越了狭义的族群文化和某些弱势阶层的文化，指向更加多样的社会身份、职业、思维方式和行为方式的主体。同时，这一时期"多元文化"超越了表层的多种文化共在的客观现象，明晰了实现政治、经济和文化平等权的内涵。1995 年举办的"全球多元文化大会"指出：多元文化包含各族群平等地享有文化认同权、社会公平权以及经济受益需求。多元文化现象能够被广泛地关注、能够在更大的范围合法地存在，背后的思想实质是对文化平等权的追求。多元文化是为了解除一元文化对其他的文化的排斥和压迫而诞生的，是在反对种族、民族、性别、阶层的文化不平等的过程中逐渐发展起来的。每一种文化传统都不能成为失落的声音，都应该被平等地对待，得到应有的尊重。目前西方国家的"多元文化教育"就是建立在这种含义上的。

第三阶段：20 世纪 90 年代以来。随着全球化、信息化的发展，多元文化在广度和深度上都发生了巨大的变化，延伸为一个错综复杂、纵横交错的系统，人们被置于一个更加宏观，也更加精细微观的视野中，形成了"全方位"的多元并存的文化格局。

全球化和信息化抽离了不同文化之间时间与空间的距离，打破了文明间的界限，多种文化和价值体系汇聚在一起。文化之间的交流从未如此迅捷、自由和广泛，谁也无法长期固守一种文化，一个文化主体"一言堂"的局面被改变了。不同地域、不同时代、不同传统、不同民族、不同群体的文化平等地"相遇"，一个全新意义的"多元文化"被呈现出来：在时代性质上，传统文化、现代文化、后现代文化共在；在空间维度上，乡土文化、城市文化，东方文化、西方文化，国家文化、洲际文化、世界文化相互激荡；在主体上，精英文化与大众文化等不同阶层的文化各领风骚；在地位上，主流文化与各种亚文化相互涌动。性质上的差异、时空上的共在、主体上的多元，错综复杂地交织在一起，汇成了一幅人们闻所未闻、见所未见的绚丽多彩的多元文化图景。

2. 多元文化的基本特征

与一元文化社会中一种文化独霸的状况相区别，多元文化社会中的文化呈现出异质性、交互性和共通性的基本特征。

文化的异质性。多元文化是多种异质性的文化共存的状态。一些学者在"源"、"始"、"根由"的意义上理解多元文化的"元"，认为多元文化是在根源上，具有原创差异性的多种文化共在的状态。我认为"元"是基本、根本的意思，多元是在一个系统中共同存在着多个基本要素。而一个要素能够成为基本要素的条件是它与其他要素之间存在着根本区别。所以严格地讲，多元与多样是不同的，多样不能成为"基本"，因为多样可能是同质的，只是事物表现形式的差异性和丰富性，而多元则是在属性和本质上存在差异的不同事物。所以多元内在地与异质性相连，异质性是多元文化得以存在的前提。

文化的交互性。在多元文化社会里，文化不可能在封闭的价值体系内部孤立地自说自话。"文化是对话，是交流思想和经验，是对其他价值观念和传统的鉴赏；文化将在孤立中消亡。"① 彼此无往来、无联系、无沟通、割裂存在的文化，即使在数学上被统计为"多"，也不能在文化上被称为"多元"。"多元"限定于彼此联系、相互影响、共同作用的多种文化，因为每一"元"只有在与他者的比较鉴别中才能确证自己，也只有在与他者的相互理解和对话中才能创新发展，不断进步，避免灭亡的命运。

文化的共通性。文化的多元、差异并不意味着文化之间只有区别，相反它承认多种文化之间具有一定的共通性。只有共处于一个文化系统或结构中的文化，才能被称为"多元文化"。在一个整体中的共生共在的关系使多元不以追求文化间的冲突对抗为目的，而是以各种文化的和谐共处为最终目标。所以，彼此殊异的多元文化之间不是处于离心式的分裂状态，而总是天然地保持一定的内聚力和统一性，存在着一种"公共"的意义。

3. 促进多元文化形成的因素

如果将文化现象置于整个社会历史的进程中去检视，可以说，

---

① 《墨西哥宣言》世界文化大会 1982 年。

全球化、信息化与社会转型是促进多元文化形成与发展的重要因素。

全球化是一个不以人的意志为转移的客观历史进程，它描述了一种人类活动超越时空的局限，在全球范围内相互关联、彼此依赖、广泛交往的事实与发展趋势。全球化揭示了一种普遍相关性的时代特征。

全球化本身是一个多维度的范畴，包括经济全球化、政治全球化和文化全球化等多个领域。从文化角度看，全球化使文化价值问题的话语体系和研究视野都发生了重大的转换，它打破了以往地域、民族的文化壁垒，使世界上的任何一种文化都不可能在孤立封闭的状态下独自发展。资本主义以前的社会经济形态是自然经济，自给自足的生产方式决定各经济主体之间的联系是简单的、松散的、偶然的。经济生产与交往的封闭性使不同的民族、国家的文化往来狭窄而有限。随着资本主义生产方式的确立以及市场经济的出现，人们走进广阔的"世界历史"。全球化突破了文化在空间上的限制，"抽离化机制"将人的活动从特定的场域中脱身出来，"在场的"和"不在场的"相互纠缠，远处的社会事件和社会关系与本地的具体问题相互交错，各民族的文化、价值观念和生活方式如蔓藤般延伸到其他文化中。"我们必须使自己的直觉、想象力甚至灵魂向与我们自己的视野、信仰和价值观不同的视野信仰和价值观开放。"[1] 以往封闭在一定区域内部、具有局部性的文化被释放出

---

[1] 转引自［英］斯图亚特·西姆：《德里达与历史的终结》，王昆译，北京大学出版社 2005 年版，第 6 页。

来，多元差异的声音在全球范围内拓展，形成一道令人炫目的"众声喧哗"的景象。文化进入了一个崭新的发展阶段，一种世界范围内的多元文化并存的格局形成了。

在全球化对多元文化的影响上，一直存在着一种相反的观点。有些学者认为，全球化会带来统一的世界文明，即全球化在本质上促进了文化的同一，而不是文化的多元。我们应当承认，在全球化进程中，不同的文化的确存在着融合、趋同的一面。各种文化从独白式的自我叙事走向对话交流，交往的规模不断扩大，交往的程度不断加深，文化之间的了解日益增强，相互学习、取长补短，甚至能够在某些问题、某些方面或某些局部达成一致，形成一定的文化共识和伦理规范。但是这种"同一性"只是文化发展的基本特征的一个侧面，"同一"只是在一定条件下、一定范围内、一定文化环境下的，不能说明各种文化价值观可以达成根本性的一致。以局部的同一性否定文化多元化的总体特征是错误的。

在全球文化矛盾演进的过程中，文化的个性、差异性是矛盾的主要方面。差异性是文化的本性。具体分析文化的结构，它包括两个层次——表层结构和深层结构。器物、技术等文化的表层结构相对容易改变，通过学习、交流、传播可以获得趋同，但是文化的深层结构如价值观念，作为一种文化区别于他种文化的根本标志，是民族延续和发展过程中积淀下来的精髓和固化的传统，它内含着一个民族独特的思维方式和处理问题的智慧，作为民族的灵魂，不会轻易改变。不同文化的历史传统、生存境况和发展战略迥异，面临的问题也各不相同，这必然造成文化的内涵、特征、发展的需求和方式途径的差异，这种文化差异被亨廷顿称为文化个性。各种文化都将长期顽固地保持自己的文化个性，在交往、比较的过程中不断强化自我意识，确证自我身份，形成文化自觉，力求通过批判反思、整合创新、继承发展，在全球文化的盛大演出中展现自身的勃勃生机，彰显"真我"的风采。可见，全球化带来的更深刻的向度不是文化的同一，它张扬了各民族内化于心的独特的文化性格与心理认知，使文化差异的本性在相互激荡中得到了放大。法国结构主义大师斯特劳斯指出："世界文明只能是各种保存各自独特性的文化在世界范围的联合，而不可能是别的什么。"① 全球化时代的文化是以复数的形式出现的，这是全球化发展的内在逻辑与必然规律。

文化的发展总是离不开一定的文化传播媒介的推动。当今时代，信息化的飞速发展使各种文化能够通畅、便易、快捷地突破物理时空的限制进行交流传播，将文化全球化的历史进程推向一个更高的发展阶段。

信息化是一种现代化的、先进的技术手段，但是对它的理解不能仅仅局限于技术领域或工具层面。技术革命的背后通常是一场声势浩大的"文化革命"。拉普指出："技术是复杂的现象，它既是自然力的作用，同时又是一种社会文化过程。"② 新技术能够催生新型的文化，信息化改变了原有的文化存在样态，使文化的传播、信息的利用、思想的互动、价值观念的变迁都具有了与以往完全不

---

① ［法］列维·斯特劳斯：《种族与历史 种族与文化——列维·斯特劳斯》（文集13），余秀英译，中国人民大学出版社2006年版，第138页。

② ［德］F.拉普：《技术哲学导论》，刘武译，辽宁科学技术出版社1986年版，第57页。

同的意义和形式。

信息传播的超时空性延伸了多元文化的"触角"。在现实生活中，人们的身体总是受到一定的物理空间的限制，这种地理场所的局限一直制约着文化交往的范围，构成文化传播的空间障碍。互联网借助于像神经系统一样遍布于全球各个角落的有线或无线网络，实现了规模庞大的信息传递，根本无须身体在场，只要敲击键盘，就能形成一个"遥远"与"临近"相互影响的文化沟通场域，"这里"和"那里"的差别消失了，空间得到了无限的延伸。传统意义上以地理边界划分的"文化社区"被漫无边际、无限广阔的文化交往所取代。世界范围内错综复杂的文化互动与价值碰撞都史无前例地被置于同一个时空中，这必然使文化衍生出复杂的流动性与丰富性。

信息传播的互动性加剧了多元文化交往的复杂性。与传统媒介中信息单向度、线性的传播不同，网络信息的传输是一种多方向、四通八达的网状结构，这种结构强化了信息传播过程中参与者之间的互动性。人们身处其中不仅可以获取信息，还可以传递信息。传播者与受众之间的界限消失了，每个人既是文化的消费者和接收者，同时也是文化的制造者和传播者。"说者"和"听者"的身份可以自由转换。开放互动的文化交往模式的革命产生了巨大的话语解放力量，使不同的文化彼此交错、相互牵连、实时互动，文化交往的复杂性增加了。

信息化塑造了多元的文化主体。在现实生活中，受身份、社会规范、权力体系或社会制度等因素的制约，一些个人、群体和文化常常丧失了文化表达的权利，即使偶尔获得了表达的机会，也会考虑到是否"适宜"或受到惩罚、制裁的后果，不一定真实地表达自己的观点和想法。信息网络空间具有匿名性的特征，人们可以藏匿自己在现实世界中的真实身份，我你他都以符号的形式出现。在符号匿名性的保护下，真实身份带来的顾虑打消了，每一个人、每一种文化能够以一种更为开放、更为自由、更为大胆的姿态进入虚拟空间中，尽情地展现自我的真性情。特别是伴随"自媒体"（We Media 自己主导的媒体）的发展，激发出强烈的"自精神"。"自精神是一种为了自己的表达而表达的权力和自我欣赏的快感的兑现"①。人们在自己的场域里可以随心所欲，推崇的价值观、信仰的真理、独特的生活方式等关于自己的一切都可以通过社区、论坛、blog、微信等网络媒介向外发布。主体性在网络中获得了前所未有的充分释放。正如尼葛洛·庞帝所指出的："真正的个人时代已经来临了，就是我。"② 在网络空间里，文化主体的参与意识、能动性和创造性得到了充分的发挥。多重的、分散的、独特的主体意识和主体活动加剧了文化多元化的趋势。

网络世界的无中心性为多元文化之间的平等对话提供了平台。传统的文化传播方式通常是一元化的权威处于信息发布的中心位置，信息从一个发布点自上而下地传递。这种金字塔式的交流方式使信息的制造者与接受者之间处于不平等的地位，权威高高在上，垄断着话语权和解释权，受众只是被动接受。互联网没有中心的网状传播方式使每一个分散的节点都可以向外发布信息，每一个人、

---

① 陈卫星：《传播的观念》，人民出版社 2004 年版，第 29 页。
② ［美］尼葛洛·庞蒂：《数字化生存》，胡泳等译，海南出版社 1997 年版，第 23 页。

每一个群体、每一种文化都可以将自己的主张表达于公众面前，反过来其他人也可以自由地言说、评论，节点之间完全平等，中心话语模式被消解了，信息自由平等地流动。网络完成了去中心、去等级的任务，对话主体的身份等级被降到最小化，任何形式的不平等在这里被一一抚平了。信息传播的平等性塑造了相应的文化形态，一元文化遮蔽下的其他亚文化、弱势文化和边缘文化的话语权获得了解放，一元独白的文化秩序被多元文化自由、平等、开放的对话所取代。

文化多元化并不是全球化、信息化时代特有的社会现象，社会转型同样可能引起多元文化的爆发与释放。中国历史上春秋战国时期的"百家争鸣"，欧洲的文艺复兴都不是由全球化或信息化引发的，而是社会制度的巨大变革促成了文化价值观的多元绽放。文化发展的历史证明，每当社会处于重大的转型时期，基本上都会出现文化多元化的现象。

在社会常规发展时期，虽然社会各领域、各层面也在不间断地进行改革，但是变化和调整都是局部性的，不具有全面性、普遍性和深刻性，社会结构没有发生革命性变革，社会系统整体处于相对稳定的状态之中。此时，人们具有相对一致的理想信念、行为规范和生活方式，核心价值观能够稳定地发挥统摄作用，社会凝聚力较强，文化系统处于一种平衡状态。然而在革故鼎新的社会转型时期，社会改变原有的模式，进入到一个新的类型，这是社会自我摧毁和自我重建的剧烈变化过程。其间，经济关系、政治制度、社会结构和文化观念都发生急剧的变化和深刻的革命。

任何社会转型都是全方位的、整体性的全面变革。如果将其视为一个经济、政治、文化、组织转型的有机体，文化观念的转型是社会转型的内核。任何社会转型及其引发的相应革命都是为追寻一定的价值目标而进行的，都是以文化观念作为思想先导和义理依据的。因此，社会转型实质上是社会文化价值体系的解构与建构。转型时期原有的文化模式受到动摇，旧的主导性观念和规范受到怀疑和冲击。诸多新的文化形态、价值观念开始形成，对新社会、新秩序、新制度的多元化的构想纷纷登场，它们对未来社会作出崭新的、各异的、多元化的设计和探索。此时多种文化形式共同展开，多种价值理解同台绽放，但是还没有哪一种获得大众的一致认同和忠诚被确立为主导性的价值观，能够统领、整合其他的价值观念组成一个新的价值体系。因此，转型社会是一个多种文化尽显峥嵘本色的社会。"社会转型就像催化剂一样，使不很活跃的价值观念活跃起来，使耗费时间的价值变迁快速地完成……社会转型也像一个放大镜，使每个价值观念的特征更加醒目，使价值观念的对立更加清晰……社会转型也像一个三棱镜，把混合在一起的价值观念分散开来，原来似乎没多大差别的价值观念，如今看来确是大相异趣。"① 社会转型作为一个正在发生的、未完成的状态，包含着文化的不确定性、冲突混乱与多样多歧。

进一步分析，可以看出，社会转型时期价值观多元化的根本原因在于利益的分化。利益多元化是文化多元化和价值观多元化的基础。以当代经济转型为例，在市场经济体制的转型中，利益主体的

---

① 兰久富：《社会转型时期的价值观念》，北京师范大学出版社 1999 年版，第 40—41 页。

分化十分复杂，各种阶层、群体、集团不断地滋生与重组，形成了在身份、职业、收入、行为方式等方面有明显差异的不同群体。这些群体有着各自不同的利益诉求，他们以自身利益的实现作为经营的目的，完全自由地作出经济决策。市场经济的运行机制和运作逻辑内在地肯定并承认了这些经济主体各自的利益。利益的多元化以及与之伴生的主体的多元化、组织方式的多元化，相应地产生了与之契合的多元价值观，由此，转型时期的利益裂变引发价值观的分化成为一种必然。

二、价值领域的诸神斗争

霍夫斯坦德说："文化的核心是由价值观构成的。"① 价值观是文化的基本精神之所在，文化问题在最终意义上就是价值问题。广义的文化包括物质文化、制度文化和精神文化。其中，物质文化、制度文化相对处于表层的结构中，价值观则是文化的内核和本质。文化之所以能够被区分为彼此差异的多元，其划分标准就在于每一种文化内涵着不同的价值理解。价值观是文化差异的深层根源，价值观赋予了文化不同的精神气质和独特的意欲所向。不同的社会文化可能有相同的器物和制度，即使不一样，也可以通过学习交流，在较短的时间内获得一致。价值观上不同的文化则往往秉持分殊的性格，固执地保持着自己的独特性与自主性。所以，有些学者从价

---

① ［荷］吉尔特·霍夫斯坦德：《跨越合作的障碍——多元文化与管理》，尹毅夫译，科学出版社 1996 年版，第 8 页。

值观的角度来界定文化，认为文化是一个民族或一个时代对价值的独特理解和追求。① 文化说到底就是指一个社会中人们普遍持有的价值观。

文化与价值观的关系决定在一元文化社会的价值领域中存在着一种支配社会生活诸领域的统一的价值观，它对全部的社会生活发挥着普遍的统摄作用。伯林在其《论追求理想》的演讲中，把对一元价值观的追求称为"柏拉图式的理想"，柏拉图追求价值的统一性，他认为善恶、好坏存在着唯一的标准，关于问题的真正解答只有一个。

多元文化社会里同时存在着多种价值观。多元价值观是指"一种存在着多个重要的价值观作为基本的因素，影响着人们的价值判断、价值取向和价值行为的社会实践状态"。② 价值观从一元走向多元的过程充满了争斗，权威性的一元价值观不断受到多元价值观的质疑和挑战，多元价值观为了确立自身的合法地位，赢得认同和威望，也与一元价值观展开激烈的战斗。

在东西方文化发展史上，长期以来价值观都具有鲜明的一元化特征。在东方，以孔子为代表的儒家思想在中国传统文化中一直处于独尊的地位。儒家学说绵延了几千年，从以孔孟为代表的先秦儒学到以董仲舒为代表的汉代儒学，再到以朱熹为代表的宋代理学，儒学始终作为中国的道统渗透在社会经济、政治、文化、道德等各

---

① 兰久富：《全球化过程中的价值多样化》，北京师范大学出版社 2010 年版，第 61 页。

② 杜时忠、卢旭：《多元化背景下的德育课程建设》，江苏教育出版社 2009 年版，第 9 页。

个领域，支配着社会的发展。它既为封建制度和统治秩序的合法性提供了一套理论依据，也揭示了个人修性、明德的内容与目标，规范了人们的礼仪行为。

在西方，自中世纪到近代以前，一直以基督教精神作为价值世界的中心，其间虽然存在不同教派的斗争，但核心的文化精神是基本一致的，都认为上帝是创造万物的根源，是最高价值的代表。上帝作为最高的存在赋予生命以意义，提供给人们坚实可靠的价值信仰和精神皈依。人们确信，上帝是绝对的善，正是因为有了上帝，人间的正义与邪恶、崇高与卑微、美与丑的观念才有了最终的根据。甚至只有在至高无上的上帝面前，真、善、美的价值才具有了驱动力，因为如果没有一个超感性的、约束性的世界"在场"，任何个人和群体的一切任意妄为将可以通行无阻。全知全能的上帝在冥冥之中已把一切置于"秩序"之中，在其俯视下，尘世中的人们自觉地努力工作，严肃地生活，勤奋节俭，创造财富，对家庭、他人和社会尽到自己的责任。尼采曾贴切地说："基督教是人类迄今所听到的道德主旋律之最放肆的华彩乐段"。①

然而，这美轮美奂的"统一乐章"被启蒙运动的号角截断了。启蒙就是要"否定宗教启示的权威，否定神学经典及其公认的解释者，否定传统、各种清规戒律和一切来自非理性的、先验的知识形式的权威"②。启蒙号召人们打破神话，公开运用人类的理性破除

---

① ［德］弗里德里希·尼采：《悲剧的诞生》，周国平译，生活·读书·新知三联书店 1986 年版，第 276 页。
② ［英］伯林：《反潮流：观念史论文集》，冯克利译，译林出版社 2002 年版，第 1 页。

信仰盲从，驱除蒙昧，批判专制，开启智慧，摆脱自己加之于自己的"不成熟的状态"，达到思想上的自主自治。在启蒙运动思想解放的"光明"照耀下，与传统文化浑然一体的旧的价值世界轰然倒塌了，用本雅明的话说，是古瓮摔碎在地面上，断裂为无数的碎片。

"上帝死了"，可以重估一切价值。人不必再隶属于什么，"一切等级的和固定的东西都烟消云散了，一切神圣的东西都被亵渎了"①。韦伯把这种对神圣化、权威化价值中心的解构过程称之为"祛魅"。"一神"的世界被"众神"的世界所取代，人们处于多重价值系统的争斗中，对于何者能够建构一种适宜的生活并给予稳固的意义，人们不再能获得一致性的意见，他必须选择、决定他要或应该侍奉哪个神，或者决定什么时候侍奉哪个神。意义世界的统一体四分五裂，价值世界处于上帝和诸神的无决断状态，文化开始"巴尔干化"，迎来永无休止的争斗。韦伯生动地描绘了处于价值纷争中的人们的文化命运：

> 各种神灵也在争吵，而且永远争吵。……对于每一个人来说，根据他的终极立场，一方是恶魔，另一方是上帝，个人必须决定，在他看来，哪一方是上帝，哪一方是恶魔。生活中的所有领域莫不如此。……那些古老的神，魔力已逝，于是以非人格力量的形式，又从坟墓中站了起来，既对我们的生活施威，同时他们之间也再度陷入无休止的争斗之中。②

---

① 《马克思恩格斯选集》（第1卷），人民出版社1995年版，第275页。
② ［德］马克斯·韦伯：《学术与政治》，冯克利译，生活·读书·新知三联书店2005年版，第40—41页。

　　绝对价值的解体带来了价值世界的多元分化。马克思说："在大家共有的太阳落山后，夜间的飞蛾就去寻找人们各自为自己点亮的灯光。"① 在基督教的一元价值秩序中，由于存在一个总体性的、一以贯之的核心价值，使得价值世界虽有分化，但各部分之间相互关联、相互通达、并育不害、并行不悖。随着权威的逝去，没有了统一的轴心，价值世界分化出的不同领域分别按照各自的叙事法则运作，以各自特有的逻辑进入到社会结构中。真、善、美分别朝着科学、道德与审美领域的不同方向发展。科学追求"真"，价值彰显"善"，审美崇尚"美"。经济、政治、文化三个领域，也以各自不同的价值模式运转。效益决定经济的增长，平等原则支配政治的运转，自我实现原则引领文化的发展。公共领域与私人领域也开始分离，价值观问题不再被纳入公共系统中加以统一的"筹划"，不再作为共同体存在和发展的基础。信仰、理想、意义成为私人的"偏好"，完全交由自我决断、自我选择。同时人作为新的上帝，主体意志得以无限张扬——"我的思想就是我的教堂"，"我自己就是教派"。统一的价值观念被多元、迥异的自我意趣所取代，自由个体使真理、正义、善和美在特殊的视角下被分解。

　　领域的分化、个体意志的张扬拆解了统一的架构，价值观"诸神共舞"的局面显露出来，形形色色的各路神仙毫无遮蔽地出现在舞台中央。于是，人们在为推翻一神的压迫欢呼之时，又深深地陷入多元的嘈杂与迷乱之中，必须接受这样的事实"有些事情，尽管不美但却神圣，而且正是因为它不美且只就它不美而言，才变

---

① 《马克思恩格斯全集》（第40卷），人民出版社1982年版，第138页。

得神圣。有些事情，毕竟是它尽管不善而成为美的，并且只从它不善这方面看，它才是美的。有些事情虽不美、不神圣、不善，却可以成为真"①。

诸神之争是不同话语的争斗，话语内涵着价值理解。诸神之争就是价值之争，是多元价值观谋求自身合法化的战斗。

第二节 核心价值观教育——
一种引领与整合的力量

如前所述，多元文化社会是一个多种异质性文化并存的社会。但是这样的描述仍然会让人产生很多的疑惑。麦金太尔曾说多元论的概念很不严格，"因为它对于交叉着不同观点的有条理的对话与混合着残章断篇的不和谐的杂烩都同样适用。"② 言外之意，"多元"可能是有条理的，也可能是杂乱无章的。与此类似，高兆明在《制度公正论》中把多元区分为"排他性多元"和"真实的多元"。"排他性多元是以多元面貌出现的杂多，一切均处于偶然性支配之下，漂泊孤离，因而是形式的多元而不是真实的多元。真实的多元以自由为其内在规定，在非排他性的独立自主活动中，整个社会表现出一种生动有序性。真实的多元即为合理多元。"③ 可以

---

① ［德］马克斯·韦伯：《学术与政治》，冯克利译，生活·读书·新知三联书店 2005 年版，第 39—40 页。

② ［美］A.麦金太尔：《追寻美德》，宋继杰译，译林出版社 2008 年版，第 11 页。

③ 高兆明：《制度公正论》，上海文艺出版社 2001 年版，第 290 页。

看出，多元文化社会的价值秩序存在着两种可能的后果：一种是多元有序、充满活力；一种是杂多混乱、冲突不断。"有序"还是"混乱"，关键在于能否在纷繁复杂的价值冲突中重塑坚定的信仰。蔡尚思先生说："信仰是神圣，信仰在一个人为一个人的元气，在一个社会为一个社会的元气。"① "精神支柱"、"终极价值"、"信仰"与"元气"在本质上都指向一个社会的核心价值观。

在多元文化社会中，核心价值观代表着人们心中对统一法则的深切渴望，也是结束诸神之间无休止争斗和内心纷乱的强大力量。作为一种基本的价值理解，核心价值观发挥着统摄、整合和引领其他价值观念的作用，使其他价值观念之间保持内在一致性和相互协调性，产生一种团结的内聚力和向心力，构成一个统一有序的结构体系。

一、核心价值观及其基本特征

价值观是价值观念的简称，价值观是指人们关于某类事物的价值的根本观点和总的看法，它是包括价值关系、价值评价标准、价值取向在内的完整的观念系统，表现为人们对该类事物相对稳定的信念、信仰和理想，是人们对该类事物的价值取舍模式和指导主体行为的价值追求模式。②

---

① 蔡尚思：《中国现代思想史资料简编》（第2卷），浙江人民出版社1982年版，第273页。

② 参见陈章龙、周莉：《价值观研究》，南京师范大学出版社2004年版，第11—12页。

核心价值观不是一般的价值观，核心价值观是一个社会价值体系中居于统治地位，起支配作用的核心理念。价值观是一个由多方面、多层次的观念构成的系统。价值体系中包含着两种价值观念：处于统治地位的核心价值观和处于被支配地位的从属价值观。核心价值观是整个价值体系中最基础、最核心的部分，它统率、引领和整合其他处于从属地位的价值观。核心价值观是衡量其他价值观念的尺度和标准，是其他价值观背后的普遍原则和根据，引导着其他价值观沿着它指定的方向发展，其他价值观则围绕着核心价值观的基本精神作出具体的解释。当其他价值观产生分歧冲突时，核心价值观能够协调它们之间的关系，使价值体系保持内在的和谐统一。总之，核心价值观的方向代表着整个价值体系的方向，核心价值观的性质决定了整个价值体系的性质，核心价值观反映了整个价值体系的基本价值倾向和总体发展路向。

核心价值观是价值体系的深层结构，它是价值体系的内核与灵魂，具有抽象性和深刻性。在价值体系中，一些价值观处于表层，一些价值观处于深层，核心价值观是价值体系中深层的、稳定的基本价值观。核心价值观不是某个领域的具体观念，而是整个价值体系的最高抽象，是价值体系中一以贯之的内在"灵魂"。核心价值观内涵着从属价值观的深层旨趣，是对社会经济、政治和文化等社会关系的内在的、本质的把握。其他从属价值观则处于价值体系的表层结构，它们以核心价值观为"主心骨"，通过对不同领域、不同层次的人们多种多样需要的满足，将核心价值观具体化。

与一般的价值观相比，核心价值观具有稳定性、普遍性和崇高性的特征。相对于非核心的价值观，核心价值观具有更强的稳定性。作为价值体系中最基础、最核心的部分，核心价值观是一个民族的灵魂（民族魂），涵盖着一定社会共同的理想信念、精神风貌和价值规范，是一个民族、国家和社会中"永恒"的精神要素和稳定的价值内核。因此，核心价值观不是短期的、阶段性的目标与理想，而是一个民族长期秉承的一套价值观念、价值理解的形而上的积淀，是文化传统中薪火相传的精髓，是历史绵延中凝结的智慧。作为一个民族自我确证的内在根据，它一旦形成，就不会轻易改变。

核心价值观具有普遍性。核心价值观不是个别人的观念和理想，而是人们对于价值、价值关系的一般看法和根本观点，代表着一定范围内普遍化的价值理解和价值选择。核心价值观是对人的存在意义的思考，但不等同于个体价值观，它不完全是个人化价值诉求的表达，而是从个体价值观的特殊性中抽象出的一般，是基于群体共同需要和利益形成的一种普遍性的价值理念和价值标准。普遍性在一定程度上意味着一种客观必然性。核心价值观作为普遍性的话语制约和引导着个体的思想、欲望和行动，使其不断超越个人的局限和狭隘，将自身纳入更大的、更宏观的秩序中。

核心价值观不仅是功利性的，在本质上更具有超越功利的崇高性。核心价值观要为个人与社会的存在和发展服务，天然地具有功利性的一面。但是核心价值观不是被动地围绕人们的当前利益和需要旋转的纯工具性的存在，它蕴含着超越性的价值向度，凝结着超功利的崇高的精神因子。从整个价值体系来看，核心价值观作为一个民族的精神支柱，不可能只沉浸在众声喧哗的躁动与狂欢之中，满足于其他价值观良莠不齐的自我表达和随意宣泄。作为统帅，它要以自身超拔、优秀的基因引领、整合其他的价值观。正如李德顺所指出的，浅而低就会杂而乱，无法统摄外围和从属，只有抓住崇高的东西，才会具有普遍、共同和持久。① 而且核心价值观不只是对价值观念"实然"的揭示，更是对价值"应然"状态的期许，包含着对现实的批判和超越，昭示着社会和人类的长远利益与远大理想。作为民族发展和前进的不竭的精神动力，核心价值观不可能是平庸的东西，它只能建立在崇高的精神内涵之上，只能是积极向上而非低级庸俗的思想，只能是先进优秀而非卑劣落后的观念。

二、核心价值观教育的本质之思

从词源学来看，"教育"一词，有"引出（lead）"、"抚育（bring up）"和"养育（rear）"的意思。教育是一种传授知识、启迪思想、陶冶人格，使个体社会化的实践活动。简单地说，知识教育与价值观教育是教育的两大任务。里克纳说："纵观历史，世界上的任何一个国家，都为教育树立了两个伟大的目标：使受教育者聪慧（smart），使受教育者高尚（good）。"② 很早亚里士多德就将教育划分为实用教育和灵魂教育。实用教育是为了人的实际生存需要而进行的知识和技能教育，灵魂教育则指向人的思想、信仰和价值观。

教育的两大目标是由人的生命的双重性决定的。人的生命具有

---

① 参见李德顺：《关于价值与核心价值》，《学术研究》2007 年第 12 期。
② ［美］托马斯·里克纳：《美式课堂——品质教育学校方略》，刘冰等译，海南出版社 2001 年版，第 4 页。

双重性：一是生物学意义上的自然生命，二是超越于"自然存在"的"精神生命"。其中，第二重生命是人作为一种价值存在物与宇宙他物的根本区别，它在本真的意义上揭示了人的内涵和本质。与此相应，教育作为对人的生命的"成全"，也自然具有两重性，一是为了维持人的自然生命，满足生存需要的教育，即帮助受教育者认识外部世界的规律，掌握改造客观世界本领的教育，它旨在"求真"，提高人的概念化、逻辑化能力。二是关于人生意义、生存价值的教育，它意在"求善"，培养人的文化素养，陶冶情操，建构和谐的精神家园。

人的价值存在物的本质决定在教育的双重任务中，第二个任务更为重要。教育以追寻和实现某种价值为终极目标，这是教育的本质和真谛。教育必须为了价值而存在，失去了价值就失去了真正的教育。教育的本质力量在于思想启蒙，唤醒个体对人生意义的思考，叩问自我与世界的关系，它指向人的生存方式、生命意义和生活价值，因此，"引出"、"养育"的本意蕴藏其中。也正是在这个意义上，人们把教育也称作"教化"。洪堡特曾说："当我们讲到德语的 Bildung（教化）这个词的时候，我们同时还连带指某种更高级、更内在的现象，那就是情操（sinnesart），它建立在对全部精神、道德追求的认识和感受的基础之上，并对情感和个性的形成产生和谐的影响。"[①] 教化是对人精神世界的唤醒和道德的完善。内含价值维度的教化使教育与人的意义世界相连，通向一种更高的

---

① ［德］威廉·冯·洪堡特：《论人类语言结构的差异及其对人类精神发展的影响》，姚小平等译，商务印书馆 2008 年版，第 36 页。

境界，成全一种智慧、自觉、超然和有力的人生。被誉为美国教育界"施洗约翰"的特潘把教育目标定位于"哲学的和理想的"，"这种教育观念不仅仅是要向人们传授手艺、技艺或专门职业，而是要把活力、真理和知识赋予他们灵魂，并且给予他们在一切正确的事情上充分运用自己的所有才能的力量"[①]。因此，教育不能以教会了人生存的本领就自认为取得了巨大的成绩，如果不懂得存在的意义，一切生存能力都会陷入盲目，难以满足个人和社会发展的根本需要。只有整全的教育才能建构与发展完备的人性，人的生命才能得到完整的表达。

在价值观教育中，核心价值观教育是最重要、最核心的部分。在个人维度上，核心价值观教育在引导人向善趋美的过程中，能够成就人之为人的目的性存在。核心价值观教育能够用普遍性、超越性的价值谱系引导人的生命健康成长，使人超越自然的存在层面将生命最耀眼的本质属性萌发与伸张出来，成为一个真正的精神存在物。通过核心价值观教育，个体可以建构稳固的精神家园，对自身进行自我认同、自我确证，回答"我是谁"、"我将怎样生活"的问题，从而使生活脱离碎片式的存在，形成一个在明确的自我意识指导下的统一整体。在国家维度上，核心价值观是一个国家、一个民族和一个社会价值体系中最具决定作用的内核，它支撑和影响着社会上所有的价值判断，是民族国家最本质、最持久的精神要素。失去了核心价值观就会出现精神危机、信仰真空和思想秩序的混

---

① ［美］乔治·M.马斯登：《美国大学之魂》，徐弢等译，北京大学出版社2009年版，第116页。

乱。以传承核心价值观为根本任务的核心价值观教育就是共同体的黏合剂，它塑造和团结着社会成员，使人们形成一种向心力和凝聚力，从而巩固共同体的制度，维护和谐的秩序。

第三节　多元文化时代核心价值观教育的困境

美国教育学家斯宾德勒曾说："教育对文化的传递常常被文化中的种种分歧和冲突弄得复杂化。"① 多元文化时代对核心价值观教育的影响是复杂的、多维度的。一方面，文化多元化给核心价值观教育的发展带来了契机。多元价值观的理解、对话，当然也包括对抗、冲突，打破了原先一元价值观单调、僵化的状态，使价值世界出现了五彩缤纷、生动活泼的局面。这些多元价值观为核心价值观教育的发展提供了丰富的资源，拓展了研究的视域，使当代核心价值观教育能够更全面、更完整、更审慎地看待价值文化问题。但另一方面，多元文化时代也对核心价值观教育存在的必要性、内容的合理性、方法的有效性和途径的多样性等方面提出了深刻的挑战。

一、存在前提的现代性质疑

在一个崇尚个性、强调平等、尊重自由的社会里，公立学校进

---

① Spindler.*Education and culture process*：*anthropological approaches*.Waveland Press. 1987.p.297.

行统一的核心价值观教育是否是一种不合时宜的时代错误？它的正当性能被证明吗？德国著名教育家布雷钦卡指出，当前很多教育家都认为，"在多元社会里，要想实现一个对所有成员都有效的普遍的、总体的人格理想是不可能的，同时也根本没有必要"①。原本核心价值观教育不容置疑的合法性，在新的时代背景下受到了前所未有的挑战。

差异对共识的拆解。核心价值观教育的目的是使受教育者接受一种社会共同的核心文化。启蒙运动以来对主体性的张扬使自我成为价值的主宰者，自我价值被奉为最高价值。然而在后现代的语境中，每个人对幸福生活、人生意义常常有不同的理解，它们之间不可通约，并且每个人的价值观都同样正当、合理。因此，崇高与卑下的界限模糊了，真理只是相对的、暂时的，因人而异，因情而异。多元化的个体价值观使得任何进行共同价值观教育的企图都必然受到认真的审视。在多元异质的社会中，是否存在普遍认可的核心价值观？在多大程度上存在？设定一个终极目标，以及一个与伟大的、值得向往的终极价值相连的神圣的教育计划，是不是一种极为主观的、理想化的，也是不明智的行为？

平等对核心的颠覆。核心价值观教育在前提上设定了一个价值等级，在这个等级中，有一些价值观处于核心地位，还有一些价值观处于非核心地位。然而，后现代主义者认为，没有中心和边缘的界限，一切都处在平等之中，没有任何所谓处于支配地位、

---

①　［德］沃夫冈·布雷钦卡：《教育目的、教育手段和教育成功：教育科学体系引论》，彭正梅译，华东师范大学出版社 2008 年版，第 143 页。

起主导作用的学说存在，因此，确定一种价值等级是不是凭空妄想？在列出的一系列核心价值观的"清单"中，确定某些更为重要的价值观是否可能？如果能，为什么是这些价值观，而不是别的？没有哪种善的观念可以凌驾于其他善的观念之上，在平等并立的多元价值中，断言一些价值观优于其他的价值观是不是荒谬的举动？

自由对权威的挑战。随着自由之我、解放之我的膨胀，任何超个体的价值存在都被视作个体解放的敌人，需要加以抵制和反对。以普遍权威姿态出现的核心价值观教育是否有按照一种社会普遍认同的标准转变一个人"内在本性"的权利？与国家权力紧密相连的核心价值观教育，是促进了自诩的"美好"和"崇高"，还是在本质上构成"专制主义"的话语霸权，成为阻碍人的自由发展、自我实现和自我创造的力量，具有反民主的危险？因此，教育是否应当回避甚至杜绝各种导向性的价值观进入，保持价值中立或价值无涉？

工具理性下知识教育对价值观教育的冲击。随着自然科学的迅猛发展，人类迎来了巨大的辉煌，科学技术极大地提高了社会的物质生产能力。在教育中，相应地形成了科学主义思潮，认为自然科学是最有价值的知识和技能，现代社会的一切问题都可以交由事实性的科学技术来解决，科学无所不能。"除了那些老稚童，今天还有谁会相信，天文学、生物学、物理学或化学，能教给我们一些关于世界意义的知识呢？即便有这样的意义，我们如何才能找到这种意义的线索？姑且不论其他，自然科学家总是倾向于从根本上窒息这样的信念，即相信存在着世界的'意义'这种东西。"① 自然科学成为控制文化教育的一种意识形态，只要习得了知识，一切都不成问题，价值观教育被边缘化。在国际经济竞争中，教育的任务演变为实实在在的培养工业社会有着强劲生存技能的科学强人，相对于客观性、明晰性、实用性的科学知识，"灵魂转向"是否是一种不可靠的、虚幻的和无用的工作？

世俗对崇高的质疑。世俗化是现代性的基本特征。伴随着神圣价值的衰落，人们向注重享乐和欲望满足的世俗生活回归，他们拒绝深度的人生思索，将生命的真谛等同于过一种舒适的生活。个人的发达，富足、奢华的物品消费，这些触手可及的幸福才是诗意地栖居。沉浸在享乐中的人们，谁还要殚精竭虑地为崇高的理想和共同的信念奋斗？

上述问题表达了自由主义、情感主义、相对主义、进步主义、实用主义、后现代主义等从不同角度对核心价值观教育存在前提的质疑，这种质疑不是细节性的，而是前提性、基础性问题。也就是说，在多元文化社会里，价值观教育原本不证自明的合法性，面临着极大的危险。

二、教育内容的片面、空洞

一元文化时代的核心价值观教育在内容上具有单一性，只进行某种特定价值观的教育。然而，在多元文化社会中，核心价值观处

---

① ［德］马克斯·韦伯：《学术与政治》，冯克利译，生活·读书·新知三联书店 2005 年版，第 33 页。

于多种不同价值观相互作用的张力中，是在多种文化的彼此对照甚至冲突交锋中发挥对精神世界的统摄作用的。这决定了多元文化社会核心价值观教育内容的合理性有其自身的特性，这种合理性不是片面的合理性，而是全面的合理性，它要努力把人和文化生动丰富的"多维"和"多向"充分表达出来。如果无视多元的存在，武断地削减或随意取舍，都会造成教育内容的缺失。目前，在实践中片面的意识形态化、理性的扩张、他者维度的缺失、脱离生活的空洞化是核心价值观教育内容陷入危机的主要表现。

片面的意识形态化。作为社会共同体的一种集体教养方式，核心价值观教育是意识形态认同的有效途径，任何统治阶级都利用相应的教育体系为其统治秩序的合法性进行辩护，唤醒人们内心对政治制度的自觉认同。因此，在实践中，核心价值观教育的内容内含着意识形态的成分。同时，核心价值观教育作为对人的生命的成全，除了传递统治阶级的政治价值观之外，还具有更为高远的意义，即实现人的自由而全面的发展。人的发展和解放决定了核心价值观教育还具有非意识形态性，包含着丰富而广泛的非政治性、非阶级性的内容。核心价值观教育的内容是意识形态性与非意识形态性的统一。但是，在中西方教育实践中都存在着片面强调核心价值观教育政治内容的倾向，甚至在一定程度上把核心价值观教育当成国家政策教育，受教育者被相对地忽略了。强调核心价值观教育的意识形态性是正确的，但并不意味着其他层次和其他方面的价值观教育可以被削弱。在多元文化社会里，个体的需要是多种多样的，这些需要是受教育者价值观形成和发展的基础。如果教育内容只重视国家和社会的政治需求，而忽略个体多样化的实际需要，受教育者往往不能产生有效的价值认同。

理性的扩张。传统的"合理性",简单地说是"合乎理性"。核心价值观教育是深刻的理性思考的结果,价值观念、价值原则和价值理解等内容都是以一定的理性形式表现出来的。但是,价值观教育又与自然科学教育不同。科学研究旨在"求真",为了达到客观性要尽可能排除非理性的因素,非理性往往被认为是造成谬误的原因。但是在核心价值观教育"求善"的历程中,任何一个价值判断和价值评价都不可避免地包含着人们的情感。非理性因素能够填补事实与价值之间的鸿沟,完成从事实到价值的转换。当前的价值观教育习惯于罗列一些干巴巴的概念原理,陈述一些不容置疑的"信条"或者机械地训练必须遵守的行为准则,没有内心的波澜,没有心灵的共鸣,怎么能铸就一生秉持的稳固标准和坚定信念。比如在进行爱国主义教育时,有些教师只是客观而理性地教授爱国主义的概念、内涵、意义以及升国旗、唱国歌时的行为规范。列宁曾说"爱国主义就是一种情感",是人们内心深处的爱国情怀、民族责任感和使命感。"冷血"的教育是不能产生教育效果的,核心价值观教育中的理性认识与情感体验是交融在一起、不可分割的。

他者文化维度的缺失。作为民族魂的核心价值观是每个民族的文化个性和文化标识,但是全球化时代每一种文化都与其他文化共生共在,因此,也必然蕴含着世界文化的一种普遍性的表达。越是民族的,越是世界的。实践中一些国家在核心价值观教育的内容上只注重展现自身的民族性,而排斥世界其他文化的合理因素,认为他者会损害和削弱自我的文化,造成文化和价值秩序的混乱。比如一些东方文化国家认为西方文化的个人主义会造成社会的分裂,瓦解东方文化集体主义传统的根基，从而把个人主义与集体主义在完全对立和排斥的意义上理解。同时，有些西方国家则将集体主义视作对个体的残酷压迫和对自由文明的暴力。教育内容如果缺乏包容性和借鉴性，缺乏世界的胸襟和整体的视野，就难以克服自身的局限与狭隘。

脱离生活的空洞化。核心价值观教育的根本任务在于帮助人们探询生活的意义与价值，因此，核心价值观教育的内容应该来源于生活，存在于生活之中，并且为生活服务。然而，在实践中，核心价值观教育的内容常常表现出脱离生活的空洞化的倾向，这主要表现在两个方面：一是教育内容的"理想化"，这是指教育文本记载的都是一些空洞的口号、宏大的政治理想、崇高的人生道理和不食人间烟火的先进人物，这些内容由于远离生活实际，让普通学生和广大民众无法企及，也难以理解。这些内容在现实生活之外，预设了一个至善至纯、高不可攀的完美世界，它只关注价值理想，不分析现实环境，只放眼"应然"的追求，不立足"实然"的存在，只憧憬遥远的未来，而忽视当下活生生的现实，在一定程度上停留在"乌托邦式"的愿景中。"高大远"的道理很难与学生的现实生活相联系，于是受教育者经常发现在课堂上学到的是一种情况，一旦进入社会生活发现事实又是另外一回事。净化式的"一元"能够带来期望的"统一"，还是会造成内心深处的迷茫与分裂？二是教育内容脱离具体领域和具体主体的抽象性。多元文化时代，社会领域的分化裂变十分突出。核心价值观教育的内容是对各分化领域的一种普遍性的价值概括。作为贯穿各领域的核心观念，核心价值观教育的内容具有一定的抽象性。在教育实践中，由于过于关注对核心理念的归纳概括，在一定程度上出现了抽象的价值内核与具体主体和具体领域的现实状况相分离的情况，使教育内容成为一种形而上学的、抽象自足的存在：在社会层面上，只注重历史传承下来的一般价值观念，而与受教育者所处的特定的社会和时代语境相分离；在个体层面上，只注重普遍性、抽象性的价值原则的传递，而与具体主体的具体生活境况相分离。这种抽象的教育内容只具有一般性和绝对性。教育内容的成人化就是忽视具体主体特殊性的典型表现。直接用成人的价值观念和行为标准去要求儿童现在就这样想、这样做，脱离儿童当下生活的内容在儿童的价值视域中必定是空洞的和无法理解的。

只有合理的观念才能保证核心价值观教育传承的核心精神，不是一种自命的霸权，而是历史发展趋势与时代要求的呼唤。只有先进的内容，才能保证教育中核心价值观对多元的引领，不是一种压制力量。如何克服教育内容的片面性，在多元整合的基础上书写别样的"一"，建构一体多元、和谐共生的内容谱系，是核心价值观教育内容建构必须应答的问题。

三、教育方法的简单、低效

一元文化社会中的核心价值观教育主要采用灌输的教育方法。作为社会中唯一正确的真理，一元价值观是不容置疑的，受教育者必须无条件地全盘接受并遵守，不能违背或者对它们有所微词、批评，相应地在教育方法上必然表现为真理式的布道、经典的诵读、严格的行为训练和明确的奖惩措施。为了让这些权威性内容原原本本地输入人们的头脑，就要像印刷术一样把它们直接印刻在人心上面，这种"强制式劝告"中潜藏着支配、处置、压迫和训练的成分，通过对个体不间断地型塑，将价值观压印成一种"社会一致"。灌输采用的是"主体—客体"二元对立的思维模式，是一种"输出—输入"的机械活动，按照固有的程序传递固定的内容。为了排除受教育者对教育内容的怀疑，教育者必然要藐视受教育者的主体性，剥夺他们独立思考的权利，把他们变成被动接受的容器，成为被加工、被控制和被改造的"物"，从而实现权威性话语的宰制。巴西教育家保罗·弗莱雷在《被压迫教育学》一书中，生动地描绘了这种以"物"的视角来研究"人"的问题的教育方法："它把学生变成了'容器'，变成了可任由教师'灌输'的'存储器'。教师越是往容器里装的完全彻底，就越是好教师；学生越是温顺地让自己被灌输，就越是好学生。于是教育就变成了一种存储行为。学生是保管人，教师是储户。教师不是去交流，而是发表公报，让学生耐心地接收、记忆和重复存储材料。这就是'灌输式'的教育概念（'banking' concept of education）①。"没有平等的对话、没有内心的交流，教育者与受教育者之间是一种知识上的垂直关系、压迫关系。自上而下压入人脑的观点，很难产生思想上的共鸣与认同，转化为受教育者的内在品质，形成一生忠诚的信仰。特别是在多元文化社会里，一元价值观独白的文化语境变成了多种声音的复调，如果教育文本的意义和教育者的解释仍然全部是预先给

---

① 〔巴西〕保罗·弗莱雷：《被压迫者教育学》，顾建新等译，华东师范大学出版社 2001 年版，第 24—26 页。

定的，排斥受教育者的讨论、参与，就无法培养人们的价值选择能力和运用核心价值观自觉指导生活实践的能力。因此，在多元文化时代，灌输的教育方法是低效的，时代呼唤新的教育方法和教育范式的产生。

四、教育途径的单一、孤立

长期以来，核心价值观教育的主要途径是学校教育和主流媒体的宣传，它们可以有效地调节、引导、控制价值观教育的方向，使其体现国家的意志，减少教育的偶然性与无序性。但是，在今天，仅仅依靠这些教育途径明显是单薄的，缩小了教育可以发挥作用的空间，降低了影响效力。核心价值观教育绝不是孤立的"院墙教育"，它是家庭、社会、历史传统、风俗习惯、道德、法律等共谋的过程。特别是随着时代的发展，文化传播方式不断更新，大众传媒迅速发展成为一种新的文化力量。BBS、QQ、博客、微信和网络视频等媒介以其真实的视觉效果和平等亲切的叙事方式，更强的表现力和说服力，深刻影响着人们的生活方式、思维方式和价值观念，成为核心价值观教育的不可忽视的重要渠道。如果核心价值观教育在路径上不能革故鼎新，积极拓展，就会丧失新的发展机遇。

此外，当前教育中各教育路径通常彼此分离、各自为营，缺少衔接和配合。由于不能从整体着眼，形成一个一体化的"大教育"体系，各种教育渠道往往孤掌难鸣。比如，法律规范与价值观教育的有机联系常常被割裂了。法律的强制性、他律性、约束性与价值规范的激励性、自律性、弱约束性之间失去了关联，不能"道之以政，齐之以刑"，形成一种联动的教育合力。

综上所述，核心价值观教育在文化多元化的社会背景下，存在的意义、教育内容、教育方法和教育途径都面临着严峻的挑战。核心价值观教育必须主动转型和积极创新，一种新的核心价值观教育模式呼之欲出。

第二章

教与不教的抉择——核心价值观教育存在的合法性之思

> 现在我们能够为所欲为，而唯一的问题是我们想要什么。我们终于来到了亚当和夏娃当年所处的境地：现在我们所面临的是道德问题。
>
> ——马克斯·弗里希

"合法性"这一概念，就其最初的意义而言，是与一种政治制度联系在一起的。哈贝马斯对合法性概念的应用领域进行了明确的限定，"只有政治秩序才存在具有或者丧失合法性的问题，只有它们才需要合法化"①，即只有当一种政治制度的合法性存在争议的时候，才存在所谓的合法性问题。但是，随着"合法性"这一思

---

① ［德］哈贝马斯：《交往与社会进化》，张博树译，重庆出版社1989年版，第179页。

想方式影响的扩展，其话语已被频繁地使用于各种人文学科领域。

在文化多元化的社会背景下，核心价值观教育的合法性问题凸显出来。多元价值观纷争、矛盾、冲突的困境与哈贝马斯源于"争议"、"认同"、"承认"与"权威"等丰富意义的"合法化危机"研究，有着诸多契合之处。

第一，合法性问题产生于系统结构的危机与主体自身的一种危机感。危机的概念首先源于医学用语，表明身体偏离了健康，处于疾病的状态。危机是一个客观与主观相连接、相统一的概念。一方面，危机是一种外在的客观过程，比如疾病可以被观察测量，表现为身体上的某种症状。另一方面，危机以主体的卷入作为标志。"危机不能脱离陷于危机中的人的内心体会"①，即社会成员因为危机失去了某些控制能力后产生主观上无能为力的感觉，被危机感所纠缠。当这两个方面同时发生时，合法性危机就产生了。

社会危机是社会系统的失调和"社会成员感觉到结构变化影响到了继续生存"综合作用的结果。从客观层面看，危机不会随时随地因为任何的事情而发生，"只有当社会系统结构所能容许解决问题的可能性低于该系统继续生存所需的限度时"才会发生。②"危机"是从无法解决的控制问题中产生出来的，也就是社会规范结构处于不可控制的范围，表现为系统整合的失调、社会制度的瓦解、社会系统的崩溃或者传统的断裂。同时，在主观上，处于社会中的人们普遍感受到生存受到威胁。将"合法性危机"引入社会

① ［德］哈贝马斯：《合法化危机》，刘北成、曹卫东译，上海人民出版社 2009年版，第 3 页。

② 参见上书，第 4 页。

问题的研究是有益的，哈贝马斯说："我们把一个过程说成是危机，这样也就赋予了该过程以一种规范意义：危机的克服意味着陷入危机的主体获得解放。"① "合法性危机"赋予社会问题的研究以规范性和人文性的双重意义。

运用"合法性"的分析方法，我们可以发现，多元文化时代核心价值观教育的问题已经构成了一种社会的合法性危机。哈贝马斯在《合法化危机》中特别指出了价值观念的问题。他认为，当社会系统的价值观念发生变化，社会系统的共识基础受到严重破坏，社会成员普遍感到社会认同难以达成时，社会系统就可能会突破历史连续性的界限，丧失其合法性。核心价值观是一个社会重要的精神支柱，它是共同体的凝聚力，反映社会制度的价值理想、代表社会成员的价值共识，能够发挥深层的社会整合作用。核心价值观教育以传播核心价值观为任务，如果一个社会的核心价值观教育在教还是不应该教的问题上出现"犹豫"和"抉择"，这意味着"危险"不是局部的，不是诸如不受欢迎、不被重视、时效性差等可以修补和改进的问题，而是具有了系统结构的"危机"倾向，它意味着一个社会在规范认同、精神追求和价值取向等方面陷入了一种深度的危险之中。核心价值观教育关涉到整个社会系统的整合，价值危机、教育危机是人们对生存状况的深度困惑，传达出一种关于精神世界的整体性焦虑。布雷钦卡指出："一旦对社会共同的基本理想的认可突破了最低的必要底线，一旦出现了对共享的价

---

① ［德］哈贝马斯：《合法化危机》，刘北成、曹卫东译，上海人民出版社 2009 年版，第 3 页。

值理想的怀疑、宗教观世界观的相对主义和道德虚无主义，那么将会危及整个社会的稳定和存续。"① 因此，尽管表面上看价值观教育问题是软性的，好像不会造成重大的、恶性的社会灾难，但其作为个人和社会的"主心骨"，作为文化传承的重要途径，一旦"核心"地位失落，对其存在的基础产生严重的质疑，就可能会造成整个社会系统的崩溃。

第二，合法性危机在本质上是对权威的认同危机。"合法性是一种特性，这种特性不是来自正式的法律和法令，而是来自有关规范所判定的、'下属'据以（或多或少）给予积极支持的社会认可（或认可的可能性）和'适当性'。"② 合法性是要赢得公众对权威发自内心的真诚认可。权威的确立和存在依赖于认同，认同感是构成合法性的基础。美国学者罗斯金指出，合法性"意指人们内心的一种态度，这种态度认为政府的统治是合法的和公正的"。一个政治系统要具有使其成员确信它是最适宜的制度和"存在着一些好的根据"的能力。③ 可见，合法性是以公众对权威正当性的普遍承认为前提的，即在"存有争议"和"有公认要求"的情况下，"永久地保持住群众（对它所持有的）忠诚心，永久地保持住它的成员们紧紧地跟随它前进"④。只要对权威的认同存在，合法性就

① ［德］沃夫冈·布雷钦卡：《信仰、道德和教育：规范哲学的考察》，彭正梅译，华东师范大学出版社 2008 年版，"译者前言"第 3 页。
② 邓正来：《布莱克维尔政治学百科全书》，中国政法大学出版社 1992 年版，第 410 页。
③ 参见［美］迈克尔·罗斯金：《政治科学》，林震等译，华夏出版社 2001 年版，第 5、15 页。
④ ［德］哈贝马斯：《现代国家中的合法性问题》，郭官义译，《重建历史唯物主义》，社会科学文献出版社 2001 年版，第 264 页。

天然地存在，相反，如果权威不能获得群众的"投入"和"忠诚"，合法性危机就产生了。

在多元价值观中，核心价值观在本性上存在着一种相对于其他价值观的"权威性"，其在价值系统中处于支配地位，发挥统摄作用。因此，核心价值观教育也总是包含一种真实的指向，即通过教育使青年一代和社会大众认同某种特定的"核心理念"，使之"合法化"。合法性是多元文化时代核心价值观教育所固有的内在本原性诉求。

但是，在多元价值观的激烈冲突中，"合法化"的过程异常艰难。解除管制的各种价值观念自由地表达，在经常的反对、争吵和冲突中，核心价值观的权威性受到严重冲击，甚至被当成一种压迫、暴力和对自由的"羁绊"。正如美国教育家布鲁姆所描绘的，在学校里，还有谁愿意宣称自己与专家和教科书上的权威意见保持一致，这等于宣布自己是一个绝对主义者，是一个专制主义者。对权威价值观的质疑成为现时代的一种时尚，"撕破幻想的面具，认识到某些假设是错误的，某些目标既不能达到又不值得达到……认识到由于在错误假定之下，我们长期的、认真的努力已经被误导，并且注定不久将要背道而驰；揭示普遍性、确定性、一元导向的价值观教育之不可能性、其希望之空虚、其工作之浪费"①。多元文化时代核心价值观教育面临着认同危机。

本章试图准确、清晰地呈现多元文化背景下核心价值观教育合法性面临的挑战，梳理教育实践中的应对策略和思路，在澄明绝对

---

① Zygmunt Bauman.*Postmodern Ethics*.Blackwell.1998.p.4.

与相对、自由与权威、差异与共识关系的基础上，凝练出核心价值观教育的当代意义，从而对多元文化社会核心价值观是否可教的时代问题作出一些回应。

第一节　去中心、反权威——启蒙运动以来价值观教育的困境

"价值观教育何以可能"的问题古已有之。"美德是否可教"从古希腊智者派的思考至今，一直是价值观教育关注的中心问题之一。以普罗泰戈拉为代表的智者派认为善恶标准由个人感受决定，具有相对性，因此"美德不可教"，苏格拉底在"美德即知识"的理解上，认为美德可教，亚里士多德将道德由"认识问题"扩展到"实践问题"，认为伦理德性不可教，它通过习惯生成，由现实活动决定。

但是，"美德是否可教"作为一个真正的"问题"出现，是在现代性的语境下。现代性摧毁了传统社会人们对于价值权威的认同，宣布了形而上学的终结，导致价值观的多元分化。一方面，现代性将人们从神学的精神压迫与奴役中解救出来，使人们脱离自己加之于自己的不成熟状态，在政治、文化、教育、生活方式等方面都呈现出全新的样态，具有解放的意蕴。另一方面，"它又威胁要摧毁我们拥有的一切，摧毁我们所知的一切，摧毁我们表现出来的一切。现代的环境和经验直接跨越了一切地理的和民族的、阶级的和国籍的、宗教的和意识形态的界限；在这个意义上，可以

说现代性把全人类都统一到了一起。但这是一个含有悖论的统一，一个不统一的统一：它将我们所有的人都倒进了一个不断崩溃与更新、斗争与冲突、模棱两可与痛苦的大旋涡"①。主体性的过度张扬导致个体陷入无意义的焦虑之中，工具理性的统治造成意义世界的淹没，反对等级专制的革命演化为无限度的自由。同一性瓦解、整体性消散、中心分离、理想被放逐、崇高信仰与英雄维度失落……人在"解放"的表象下，精神实际上处于韦伯所谓的"铁笼"中，在享受"历险"与"摧毁"的快乐的同时，又陷入冲突、崩溃与痛苦之中。"如何发现这种彻底破坏之中'永恒的和不可改变的'各种要素，成了一个严重的问题"②，人们是否还能找到稳固意义世界的根基或是只能做一根风中摇曳的无根的芦苇？

　　与此相关，承担建构精神家园使命的核心价值观教育，必然被深深地卷入这场现代性的困境中。价值观的绝对性与相对性、普遍性与个体独特性、确定性与不确定性、共识与差异、自由与权威等诸多价值观领域内部的基本矛盾，在现代性的流变中，彼此冲突、相互抵牾，实现某一价值常常会有损于其他价值，在矛盾中失去了伯林所谓的"难得的平衡"③。在多元文化社会中，核心价值观教育是否还可教？

---

　　① 〔美〕马歇尔·伯曼：《一切坚固的东西都烟消云散了——现代性体验》，徐大建等译，商务印书馆 2003 年版，第 15 页。

　　② 〔美〕戴维·哈维：《后现代的状况》，阎嘉译，商务印书馆 2003 年版，第 20 页。

　　③ 〔英〕以赛亚·伯林：《论追求理想》，《哲学译丛》1998 年第 3 期。

一、主体性的僭越

在公立学校，一个普遍的教育目的就是建立一种公共的核心文化。然而，上帝死后，人代替神登上至高无上的宝座。主体地位的高扬异化出主体性的妄僭，进而演绎成"原子式个人主义"的泛滥。社会的主导价值观发生了变化：从重视社会责任、社会义务转向强调自我实现和自我成就。作为新神，"主观的自我"、"任性的自我"露出分裂的本性，以其异在性、至上性在根基处侵蚀着普遍性的价值原则，使得任何一种在公立学校中进行公共价值观教育的企图，都受到认真的审视——每个人对幸福生活和人生意义常常有不同的理解，它们之间不可通约，需要根据具体的境遇加以评估，至今还没有公认的、无可辩驳的在学校中应该培育什么样的核心价值观的理念。

自启蒙运动以来，一种新的价值根据、新的价值系统被建立起来，人本身成为价值世界的中心。人的理性代替神成为真理之源、价值之源。人不是作为人本身被构想，而是作为新的世界图像的本源和根据，成为确立一切存在的不可怀疑的"阿基米德点"——"存在者之存在是从作为设定之确定性的'我在'那里得到规定的"①。以"我思"为基础，来演绎整个"存在"。人不再是上帝的泥人和玩偶，神圣价值对主体性的遮蔽被解除了，主体的创造性

---

① ［德］海德格尔：《海德格尔选集》（下卷），孙周兴译，生活·读书·新知三联书店 1996 年版，第 882 页。

被激发出来，打开了那片属于自己的精神天空，返回自身来寻找价值世界的基础。个体生活获得了前所未有的自由、自主的发展空间，思想活动的独立性、选择性、多变性和差异性不断增强，使"主体性"成为现代性自我确证和自我理解的基本原则。

然而，当主体性的张扬进一步演绎成"原子式个人主义"时，整个社会系统就陷入了分裂的状态。吉登斯曾对个体原子主义的观点进行概括：（1）对于社会现象的解释，只能通过分析个体的行为才能获得，除此别无他途。（2）所有关于社会现象的判断都能够被还原为对个体的描述，而不会造成意义的损失。（3）所有共同体的概念都是抽象的或是理论家头脑中的主观之物，只有个体的存在才是真实的。（4）如果说社会科学有法则的话，它就是个体心理倾向的法则。① 在人与社会的关系上，原子式个人主义并不把社会看作是首要的因素，而是强调个人高于一切，个人先于社会而存在，国家和政体仅仅是为了达到某种目的而自愿结合在一起的独立个人的聚合体。由此，人的生活不再束缚于某种"大而全"、"一体性"的价值权威，不必再将自身交付于一种"更大的秩序"，个人才是价值世界最高的裁判者，"我"是一切事物的尺度和标准，其他的一切事物作为客体只有根据"我"这个主体才能得到规定。这种原子式的自我在康德的"自由"思想中体现得十分充分，"我"既可以为自然立法，也可以为道德立法。个人是价值的起点，也是终点。在以个人为中心的价值世界中，人与人是相互分

---

① 参见［英］安东尼·阿巴拉斯特：《西方自由主义的兴衰》，曹海军等译，吉林人民出版社 2004 年版，第 18 页。

离的。"自我"的分裂必然导致价值观的多元化，于是传统社会同质的、统一的、一个中心的价值世界分崩离析了，个人与社会的价值观念由一元文化社会的高度统一走向多元文化社会的分裂和对峙。

社会价值系统的转换相应地带来教育领域的变化。相当一部分教育者认为价值观是个人经验的产物，不同的经验产生不同的价值观，任何人绝不可能在个体经验或生活以外寻求价值的目的，因此价值观因人而异。在多元化的价值观念中，选择什么样的价值观作为安身立命的根据，完全是自我决断的结果，不受其他任何条件的左右。基于上述立场，价值观教育相应地被认为应该由公共领域转移到个体、家庭的私人领域。过去核心价值观教育一直是公共领域的司职，由学校和主流媒体承担主要的传播任务。随着价值世界向个体的转移，公私领域开始分离，公共领域指向公民的普遍利益，而宗教及价值取向，即"有关情感、信念、烦恼、态度、抱负、目的、兴趣、问题和活动之类的表达"①，则被认为是与个体生活方式融为一体的意义阐释，属于私人生活的范围，只能以个别的方式来对待，通过个人手段来解决。"那些终极的、最高贵的价值，已从公共生活中销声匿迹，他们或者遁入神秘的超验领域，或者走进个人之间直接的私人交往的友爱之中。"② 德国教育家布雷钦卡指出："在极端的多元主义社会即个体主义的社会中，宗教群体、

---

① [美] 路易斯·拉思斯：《价值与教学》，谭松贤译，浙江教育出版社 2003年版，第 87 页。

② [德] 马克斯·韦伯：《学术与政治》，冯克利译，生活·读书·新知三联书店 2005 年版，第 48 页。

世界观群体和政治群体的多元主义多被个体的多元主义所代替，也就是说被个体主义的生活方式所代替，而且这种生活方式并不取决于信仰共同体的传统和权威，而是取决于主观选择和偶然。在这里宗教信仰和世界观变成了私人事情，可以任意地加以培养或放弃，也可以任意地加以改变或变换。"① 价值观完全变成了一件纯粹的私人事务，成为"沉溺其中的私人嗜好"②。意义、理想、信念等终极关怀的问题，不再作为社会建构的主要内容，公共领域被剥夺了进行价值观教育的权利，出现了"去道德"教育。

在私人领域里，价值选择遵循伯林的"消极自由"原则，"主体（一个人或人的群体）被允许或必须被允许不受别人干涉地做他有能力做的事，成为他愿意成为的人"，即"免于……干涉的自由"③。这是说，在不侵害他人权利的条件下，每个人的活动都是自由的，不受任何干涉，即使这种干涉是出于某种善良的目的。于是，教育要做的就是保卫受教育者基于各自不同的利益关系和生活境遇选择自己认为值得过的生活的权利，保障这种权利不被任何外在的权力所侵犯。教育不能试图推进一种所谓的"共识"而排斥其他的观念，它要对所有人、所有的生活方式、所有的意识形态和所有的价值观念都保持开放，秉持价值无涉的立场，回避各种带有导向性的价值观的进入，使持不同态度的人在学校里不会碰到任何

---

① ［德］沃夫冈·布雷钦卡：《信仰、道德和教育：规范哲学的考察》，彭正梅等译，华东师范大学出版社 2008 年版，第 14 页。

② ［加］查尔斯·泰勒：《自我的根源：现代认同的形成》，韩震等译，译林出版社 2001 年版，第 473 页。

③ ［英］以赛亚·伯林：《自由论》，传胜译，译林出版社 2003 年版，第 189 页。

敌人。价值澄清学派的代表人物拉思斯指出，学校教育的目的不是向学生宣扬某一套教育者自认为对学生"负责"且"正确"的价值观念和价值标准，而在于帮助学生澄清他们个人的、独特的价值。

不仅如此，在当代，主体性的偏执更进一步演化为以原子式的情感主义。这种被麦金泰尔称为当代价值世界基本特征的"情感主义"，将主体性的偏执推向了极端，认为所有的价值选择都是非理性的，都不过是个人的爱好、态度或情感的表达。情感主义源于休谟对"是"与"应当"的区分。休谟认为，事实判断可以有正确与错误之分，当对事实的认识符合认识对象时，就是正确的，不符合认识对象时就是错误的。价值判断则不同，"当我们断言这个或那个具有'价值'时，我们是在表达我们各自的感情，而不是在表达一个即使我们个人的情感各不相同但却仍然是可靠的事实"①。价值判断的善与恶取决于它带给人们情感上的苦与乐。情感既不真，也不假，既不对，也不错，趣味是无法争辩的，因而价值观念也就无所谓优劣。行为规则、社会秩序、价值标准皆诉诸偶然多变的个人感觉，每一个人的感觉都是自己的真理标准。我认为正确的与我便是真理，你感觉可靠的与你就是真理。当然，这两种真理可以是不同的，甚至可以是对立的。麦金太尔指出："这些偏好本身便给满足它们的那些行为提供了充足的理由。"② 这意味着没有真理自身，只有我的真理、你的真理、多元的真理。

原子式个人主义和情感主义的观点，正如罗素所指出的，它解

---

① ［英］罗素：《宗教与科学》，徐奕春译，商务出版社 1982 年版，第 123 页。
② ［美］A.麦金太尔：《谁之正义？何种合理性？》，万俊人等译，当代中国出版社 1996 年版，第 444 页。

构了以追求普遍客观的道德原则为己任的传统规范伦理学，亦如休谟本人所预见的要对这种推导加以小心注意，否则就会推翻一切通俗的道德学体系，导致伦理学危机。因为当每个自我价值都合法时，共同的价值观就成了不合法的东西。当所有的个体价值观都被尊重时，原子式的主体性就在实际上取消了社会普遍的价值标准和价值规范存在的可能。韦伯认为，价值之间往往不可公度，并且处于永久的敌对状态，认为所有的美德都相容是一种深刻的错误。麦金太尔也断言，在"我们的文化中不存在一条理性地取得道德一致的途径"，那种声称自己肯定知道具有普遍性、确定性的核心价值观的教育者，根本不明白麦金太尔的不可通约论点的全部含义。他还举例说，基尔帕特里克的核心价值观内容清单——十条戒律和七个善行，永远都不会成为所有人共同的价值标准，他们本身也不应该是这样。纳什指出，当前人们在"美好生活"由什么构成和获取"美好生活"需要哪些特定的价值观的问题上将总是存在分歧的，这是生活在多元化的民主体制中的所有人，而不是生活在绝对答案的神权政体中所必须付出的代价，也是人们生活在多元化社会中痛苦和喜悦的根源。①

　　曾经处于主导地位的公共价值观逐渐失去了效力，被原子式的个体价值观所僭越，文明导致的个人主义将使社会因缺乏共同目标而分裂为孤立的意志。一旦社会共有的目标和公认的美德不存在了，社会和谐和秩序还会存在吗？

---

　　① 参见［美］罗伯特·纳什：《德性的探询：关于品德教育的道德对话》，李菲译，教育科学出版社2007年版，第6、44—45页。

二、普遍性的压迫

自柏拉图以来，西方哲学始终千方百计地追求隐藏于万事万物背后作为本原的"逻各斯"，试图建立一种具有普遍性的，为人们所能共同接受的统一秩序，以摆脱精神上的不确定的、无政府主义的分裂状态，使生命获得具有逻辑支点的"终极因素"。康德提出要把普遍理性作为人类一切行为中的道德律令，它是检验一切观念、标准是否具有普世性的最终根据。"不论做什么，总应该做到使你的意志所遵循的准则永远同时能够成为一条普遍的立法原理。"① 黑格尔也在其《法哲学原理》一书中指出，"根据被思考的即普遍的规律和原则而规定自己的行动"，要以作为一切存在的共同本质和根据的"绝对观念"整合分裂的精神世界。② 哈贝马斯认为普遍性代表知识的客观性和规范的合法性。正如罗蒂所总结的，传统形而上学一直在寻求一套普遍性的观念，"这套观念可被用于证明或批评个人行为和生活以及社会制度，还可为人们提供一个进行个人道德思考和社会政治思考的框架"③。现代性一致地给予普遍性以热情的颂扬，"普遍性是理性的原则；即是一种用理智生命的自制替代激情的奴役，用真理替代迷信和物质，用自我制造的完全主导的有规划的历史替代漂泊不定的苦难历程……普遍性是

---

① ［德］康德：《实践理性批判》，邓晓芒译，人民出版社 2004 年版，第 30 页。
② 参见［德］黑格尔：《法哲学原理》，王哲编译，北京出版社 2007 年版，第 38 页。
③ ［美］理查德·罗蒂：《哲学与自然之镜》，李幼蒸译，生活·读书·新知三联书店 1987 年版，第 11—25 页。

一项骄傲的工程，伟大的使命"①。

核心价值观教育是对普遍性思想的绵延。纳什指出，价值观教育者都是柏拉图式的"形而上学的理想主义"。柏拉图认为存在一种"基本的人类天性"，这种天性为人类所普遍共有，并且永恒不变。他们将这种信念作为苦苦思索的理论母题，只有通过一种内涵着权威的具有普遍适用性和普遍必然性的价值观念和价值标准的教育，才能在价值冲突与纷争中，帮助青年一代树立一个特定的终极目标，形成某种对世界和人生认识和解释的稳固根基，完成个体及社会价值系统整合的要求。如果核心价值观教育不能被归结为一个普遍性的命题，它的命运将会被拆解、被撕碎，消散得毫无踪迹。

然而，启蒙运动之后，随着自主之我、解放之我在价值世界的任意妄为，普遍性的价值观念开始受到普遍的质疑，遭到众多思想家的指责，被当作"美丽的幻象"加以破除。当多元分殊的个体价值观被视为最高价值时，人们自然地得出一个推论——"任何非个体的道德标准都不可能得到合理的论证"②，它们都是对个体自由的束缚。于是，普遍性的价值观不再是个体成长的扎实的基础，而成为自我实现的外在屏障，"更大的秩序"，如泰勒所言，也不再是人们建构精神家园的基本框架，而是一种阻碍个人解放的邪恶力量，是对生命伸展、再造和勃发的压制。相应地，相当一部分教育者和青年学生认为，教育根本没有按照一种普遍认同的标准

---

① ［英］齐格蒙·鲍曼：《生活在碎片之中——论后现代道德》，郁建兴等译，学林出版社 2002 年版，第 18 页。

② ［美］A.麦金太尔：《德性之后》，龚群译，中国社会科学出版社 1995 年版，第 25—26 页。

转变一个人"内在本性"的权力，因为普遍性的话语总是与权力相联结，带有强制个体屈从的性质，妨碍了受教育者独立自主的体现真我的判断，带有十足的专制主义特征。利奥塔对德国教育部长洪堡特的批判，就是基于上述的立场。洪堡特主张大学应当使学术适应于"国家之精神的与道德训练"，认为精神个性会聚合成整体，并受"整体性原则"的制约。利奥塔则认为这种对教育的元叙事的理解是不正确的，现代教育的叙事不应以权威性、普遍性的元叙事方式表达，因为"元话语"自持的真理，并不是什么货真价实的东西，它的背后是强权，任何一致性的标准都不过是掌握政治权、话语权和控制社会资源分配的群体行使其权力的面罩，都是为权力服务的。利奥塔也批判了哈贝马斯的"普遍性代表知识的客观性和通行的规范的合法性"的思想。他认为，哈贝马斯把合法性问题奠基于"普遍性"的理解是不正确的。尽管"共识"在表面上看似乎是平等协议和民主协商的结果，但事实上，是用一种普遍、专断的强势话语来压制其他弱势话语，用普遍的规则来约束和排斥对立的意见，它是控制个体自由和迫害多元差异的"文化成就"，在本质上是某种形式的"恐怖主义"。把所有的叙事方式都纳入一种唯一和统一的叙事方式之中，建构起来的是一个总体性的专制体系。利奥塔认为普遍性、权威、专断与集权主义是内在关联的，总体性话语意味着一种暴力，元叙事根本上就是一种压迫，其自身的合法化即是压迫的合法化。因此，价值观教育自诩的种种"美好"、"崇高"、"正当"的追求，其背后暗藏着巨大的危险和"不可告人"的目的，它使教育成为合法的"屠宰场"，对人的精神施加折磨，导致"真正的人"的消失。

尼采、鲍曼清晰地描绘了普遍性给人类精神带来的"屠杀"。尼采认为，普遍性的价值原则是以诋毁生命为宗旨的。"道德乃是对生命意志的背叛"①，其最终结果是使人们丧失个性和创造力，沦落为卑躬屈膝地遵从外部力量的人。尼采把普遍性模式塑造出来的人称为"低贱的种类"和"末人"，这类人的基本特征是完全被叙事牵着鼻子走，缺乏独立的价值判断，他们绝对的单纯、绝对的服从，因而也绝对的贫乏，他们顺从猥琐，是卑顺与怯懦的混合体。因此，只要秉持某种信仰，就是对生命的谴责和残害。鲍曼在《后现代伦理学》一书中专门安排了两章批评"难以捉摸的普遍性"对个体精神的压制。他指出，人们"撕破纱幕"发现"权威"、"普遍"还有另一幅面孔——"分离、压制和向控制的跃进"。在纱幕的掩饰下，"普遍性"肆意地对个体的成长进行管制，不容许他者获得进入的许可证。普遍主义指导下的培养具有共同价值追求和伦理规范的康德式公民的教育是行不通的，这样"人道化工程"的代价只能是更多的无人性。鲍曼将"无人性"的残酷形象地比喻为"造园工程"："凡是让园中植物自生自长的人，很快就会吃惊的发现园中杂草丛生，甚至发现植物的特性都发生了变化。因此，如果园子仍是植物的培育地，换句话说，如果它要使自己超越自然力量的残酷法则，那么，园丁的塑造意志便是不可或缺的。通过提供适宜的生长条件，或排除有害影响的入侵，或同时运用这两种方法，园丁细心呵护着需要呵护

---

① ［德］弗里德里希·尼采：《权力意志——重估一切价值的尝试》，张念东、凌素心译，商务印书馆1991年版，第295页。

的一切，并毫不留情地根除那些与良种植物争夺养分、空气和阳光的杂草。"① 要使社会整体导向一种良好的秩序就必须施加人为的影响，培养、扶植优良的品种，彻底清除所有的"杂草"，以维持满园的整齐与和谐。"造园工程"形成了一种统一的秩序和规则，它最符合社会的整体利益，但"修正"与"清洁"的结果也使个体变得相似，天性、特长、分歧都消灭于此。鲍曼认为这是现代文明向野蛮的回归，只能"交付给专业的病理学家"处理。

在这样的思维方式下，对个体进行公共价值观的教育就不仅仅是一个认识论的问题，而被现代教育视作一种价值立场，甚至是政治立场：不能以任何组织或者一种更大价值的名义挑战任何个人的价值观念和价值标准，个人的价值观念和偏好在他的自主活动领域内是至高无上的，教育要放手让孩子们做他们喜欢做的事。于是，后现代教育在揭示普遍性压迫的同时，拿起"差异"、"多元"的长矛，向总体性开战，以差异性对抗普遍性，用多元化反对一元化，以实现去中心、反权威，放逐元话语的目的。

后现代主义教育把"差异"看作是所有生命的基本性质，宣布要把"差异"从"同一"的专制中解放出来。他们认为存在本身就是差异，同一性逻辑是一个谬误，差异的逻辑方式才是真实的。在价值多元化的情境下，任何普遍的意义都是不可能的，一切在场都是"延异"，一切事物都在变化之中，一切意识都在流变之中，任何稳定性、共同性、一般性都在"延异"中被自然瓦解和

---

① ［英］齐格蒙特·鲍曼：《现代性与矛盾性》，邵迎生译，商务印书馆2003年版，第44—45页。

分裂。因此，合法性不是由"普遍性"的认同构成，充满了差异的"悖谬"才是其根据。教育的目的不是要达到"专家的一致性"或社会普遍共享的某种价值观，教育是一个"开放的系统"，其要做的重要工作是探求"差异"和"悖谬"，对"差异"的追求才是推动教育发展的动力。蒙田的渴望代表了很多人的心声：永远放弃"普遍"的一般范畴，从而抓住个人的没有普遍解释、却具有"不朽的"重要性的自我理解，这样做不是为了获得一般性的理智秩序，而是要发现不让个体的独创性、特殊性被忽略的表达模式。

后现代教育还以"多元"拆解"一元"所造成的思想暴力。他们认为，价值观教育的普遍主义立场假定了一种普遍性的价值观念，断言其到处适用，并努力在不同的文化、历史与个体的纷繁芜杂中主观地塑造出某种必然性和普遍性。后现代话语要超越这一视界，以多元的不确定性代替绝对真理和终极目标的存在，以此解救人，解救在理性压榨下窒息的自我意志。后现代主义者认为，多元化更能反映价值世界的本相。麦金太尔指出，价值世界"具有如此的多样性，以至于不可能有一种包揽一切的善秩序……每种善都有适宜它自己的范围，不存在包揽一切的善来给生活提供整齐划一的统一性"①。不存在唯一的、普遍的真理，只有多种多样的认识和标准。"真诚的信徒是真正的危险。"② 要承认话语的多样性，每一种话语自身都蕴含着合法性，这是多元、平等、民主社会的新的

① ［美］阿拉斯戴尔·麦金太尔：《谁之正义？何种合理性？》，万俊人等译，当代中国出版社1996年版，第442页。
② ［美］艾伦·布鲁姆：《美国精神的封闭》，战旭英译，译林出版社2011年版，第2页。

价值基础。

在现代社会，普遍性似乎不仅不能带来现代人希冀的精神安全和可靠皈依，相反，人们越来越深地陷入一种难以摆脱的"普遍化强制"，似乎只有在公共领域废止共同价值观的教育，才能解放人的"心灵"，解放"被压迫者"。

三、不确定的迷惘

布鲁姆指出："每一种教育体制都有它所要达成的道德目标，这影响着它的课程设置，它要培养特定类型的人。这种意图大体上很明确，而且大体上是深思熟虑的结果。"[①] 核心价值观教育凝聚着社会共同体、教育者、父母和社会大众对生活意义的价值理解，承载着上一代人对下一代人的教育期望，具有明确的规定性。作为人生的信念和信仰，它体现着对某种稳固和确定之点的探寻，对生命中某种坚如磐石的确定不移的东西的追求。在实践中，核心价值观教育的目的及内容只有被尽可能精确地定位和描述，才能够发挥对受教育者价值导向的作用，成为其贯穿一生的"主心骨"。因此，核心价值观教育在本质上不应"迷惑"、"含混"或是"怎么都行"，它是一个为确定目标不断努力的过程，始终保持着对坚定方向的执着，表达鲜明的确定性法则。

然而，在多元文化社会中，差异化的个体根据个人的偏好、感

---

① ［美］艾伦·布鲁姆：《美国精神的封闭》，战旭英译，译林出版社 2011 年版，第 2 页。

觉随意地进行价值选择，价值的确定性被个体价值观念的混乱性和价值选择的偶然性所取代。于是，相当一部分教育者和学生认为，在这个迷乱、流动的世界中，任何企图给不确定性以确定性的做法都是错误的。公共教育不能再以确定性真理的面目去欺骗人们，教授某种看似"坚实的"信仰，而是要揭示"他们精神安全的趋利是不可实现的"，要在整个生活中确立一种不确定性的思维方式。

现代社会充满了偶然性与不确定性。鲍曼对此做了生动的描述：

> 现代性用了两个世纪实践阻止无序和偶然性进入生活事务，但它们不仅在视野中重现，而且是赤裸裸地出现在那里（也许是第一次这么公然地，并且面对这么多观众），没有遮掩和装饰；没有羞耻，意识不到应迅速找到衣物。……曾被理智的秩序试图逐出社会的混乱和偶然性被一种复仇的情绪支持，他们的统治进入到对立性的领域来说曾经意味着和被希望是安全的事物内。……偶然性取代了过去从未执行过的计划的逻辑。①

多元分殊的价值境遇使我们比以往任何时候都更多地被卷入不确定的状态中。在这个世界上，人们日益自由，但是也不再有安全感，一切都变得捉摸不定、难以预测。鲍曼认为，这是自由的代

---

① ［英］齐格蒙特·鲍曼：《生活在碎片之中——论后现代道德》，郁建兴等译，学林出版社 2002 年版，第 22、33 页。

价，也是后现代的"缺憾"。没有任何东西，包括上帝、哲学、科学或者文学能够满足人们对确定性的渴求，也没有一种权威强大到让人们深信不疑。"如何认真地推动道德、善良、公正的事业是根本不明确的"①，甚至这些观念本身已经成为被拆解的对象。生命要采用与确定性完全不同的言说方式来表现，不确定性和偶然性成为它的主题。在一个不确定的时代，人们认为任何企图把人塑造成始终如一、确定不移的模式的教育都是妄想，人、人的判断、人的行为，以及其他所有的东西都闪烁不定、变化多端、反复无常，叫人无法捉摸。除了个别行动的集合、摇摆不定的虚弱意见、前后不一的矛盾选择之外，不能提供任何一种相对恒定、完整一致的东西，想把任何的思想和目标搭靠其上，窥测深思熟虑的人生意义，就宛如水中捞月，还是少做为妙。

个人、社会和历史都变得不确定了。人成为一种被抛入世界的偶然存在。自我概念本应具有一个既定的模式，根据这个模式个人的行为保持一种前后叙事的统一性。但是，现在人们完全按照自我偏好随意地选择或放弃，草率地改变，如牧场上的发狂的野兽按照自己的路线追逐，没有什么固定的想法和确定的意见，人生的每一步都包含着难以预期的计划和毫无前兆的后果。人们在价值选择中摇摆不定，"巨大的选择自由、对爱之对象的抓取和放手以及投入和放弃之间的频繁转换，不可避免地导致了不稳定的人格、微弱的人际关系、自我怀疑、自我梳理与认同危机"②。特别是伴随后现

---

① ［英］齐格蒙特·鲍曼：《生活在碎片之中——论后现代道德》，郁建兴等译，学林出版社2002年版，第23页。

② Alvin Toffler.*Future Shock*.Random House Publishing Group,1984.p.264.

代主体责任的消解，主体可以视一切选择为"游戏"，生活本身展现为一系列随意和偶然的过程，是一系列永远开放的可能性。"一般我们行事都是率性而为，忽左忽右，忽上忽下，任凭性情的变化和机缘巧合。……对我来说，偶然的一件小事都会像一阵风吹来，使我随风摇摆，心神不宁。……我没法证明自己是纯粹单一的和确定不移的。我逻辑中的普遍信条是'各不相同'。"① 人的精神漂浮不定，反复无常，没有什么可以抓住的牢固的东西，也没有什么值得去永恒地追求与寻觅。个体只能忍受在一个无限开放的偶然世界里，把偶然、随意、含混作为自己一切体验、选择和行为的基础。

个体的不确定性导致社会的不确定性。个体随意性的主观选择使社会无法获得相对一致的意见，社会整合变得脆弱。社会共同体不再通过价值规范和共同理想而被聚拢和整合，不再通过社会化个体的交往关系建立起同一性，到处都是纷乱的、瞬息多变的东西，社会成了不稳定的"无序的据点"，成为吉登斯的"风险社会"和贝克的"危险社会"。

个体和社会不再能够从因果秩序和时间秩序中获得发展的确定不移的连续性，一切都转瞬即逝，历史丧失了自身发展的延续性。"历史破碎了，而且在现代性来临之前，它使人回想的是一连串的事情，而不是一个'建构'的、积累的过程。"② 以往历史是具有某种内在的、必然的发展规律，现在历史只是一系列偶然事件的堆

---

① ［法］蒙田：《蒙田随笔》，杨帆译，华文出版社 2010 年版，第 106、109 页。
② ［英］齐格蒙特·鲍曼：《生活在碎片之中——论后现代道德》，郁建兴等译，学林出版社 2002 年版，第 32 页。

砌，时间不再如河流，不再是一个矢量，不再是彼此追随和互相咬合，"向前"和"向后"都没有了意义，只有当下的此时此刻，没有永恒与延续，只有破碎的瞬间和断裂的残片，每一段都相对孤立，偶然的片段因为失去了前后相继历史联系，一切都变得不可解释了。于是，人们无须瞻前顾后，只要就事论事，随波逐流，随遇而安。

鲍曼总结了这个时代的特征，他说："我们的时代是一个强烈地感受到了道德模糊性的时代，这个时代给我们提供了以前从未享受过的选择自由，同时也把我们抛入了一种以前从未如此令人烦恼的不确定状态。"① 在这样的时代中，各种意见、价值观念和行为选择都让人捉摸不住，人们拥有的是精神无所皈依的体验，任何确定性的价值原则都显得不合时宜。

四、崇高性的丧失

崇高性是核心价值观的基本特征。在本质上讲，核心价值观教育应该是理想主义的，宣扬信仰，追求真、善、美，具有一种神圣的使命感和责任感，以及一定的超越性和英雄维度。然而，"现代性的本质就是世俗化了的基督性"②。上帝死后，"神学社会"形态结束了，进入韦伯所说的"世俗社会"形态，这是一个工具理

---

① ［英］齐格蒙特·鲍曼：《后现代伦理学》，张成岗译，江苏人民出版社 2003 年版，第 24 页。
② ［美］利奥·斯特劳斯：《现代性的三次浪潮》；贺照田译：《西方现代型的曲折和展开》，吉林人民出版社 2002 年版，第 98 页。

性统治、大众文化弥漫、消费主义膨胀的社会。当人们把技术、财富、享乐、消费等这些外在于人的东西当作终极价值的时候，就会抛弃超越性的精神追求，导致崇高性的丧失。诚如德国诗人荷尔德林所指出的，现在"没有任何神圣的东西是不被亵渎的，不被贬为可怜的随随便便使用的东西的"①，这在根基处侵蚀着核心价值观教育的内在精神品质。

1. 工具理性的霸权

现代社会是一个技术社会。被海德格尔称之为"座架"的技术影响着社会生活的方方面面，技术无孔不入使现代人的生存方式彻底演变为一种技术性的存在。在技术统治的时代，人类习惯于把很多复杂的问题都归结为技术问题。"人们越来越相信，只有那些真正属于人的问题，才正好适用于按照工程—技术的方式来加以处理。"② 科学技术经过启蒙运动而独立，随着工业革命而膨胀，并最终成为衡量人们一切行动的标准，构成生活中唯一的信仰和统治一切的权威。

然而，科学不"思"。工具理性只把功利和效用当作唯一的目的，不考虑价值问题。"科学发现和技术发展基于理性的、经验的和客观的标准而不维系特定的社会价值系统。"③ 当把工具理性理解为理性的全部时，价值理性便会遭到贬抑。胡塞尔曾经深刻地指出，启蒙以后的自然世界观和科学的实证范式抽掉了一切精神的东

---

① 转引自刘小枫：《诗化哲学》，华东师范大学出版社 2007 年版，第 124 页。

② ［美］本杰明·I. 史华慈：《中国的共产主义与毛泽东的崛起》，陈玮译，中国人民大学出版社 2006 年版，第 208 页。

③ Jo Gairns, Denis Lawton and Roy Gardner：*Values*, *Culture and Education*. Kogan Page Limited. 2001. p. 27.

西，抽掉了一切生活实践中的文化价值特性。今天还有谁会相信物理、化学、生物学或天文学，能够教给我们一些关于世界意义的知识呢？自然科学家总是倾向于从根本上窒息这样的信念，他们根本不相信存在着世界的"意义"这种东西。① 甚至，科学从来不提出这样的问题，科学与意义无关。我们所处的时代，人们所依赖的是科学技术，他们不问"终极的、高贵的价值"，不问自身的目的与意义。

在工具理性的霸权下，现代教育的基本范式也是工具主义取向的。教育被顺理成章地纳入经济竞争的范畴内，科学技术是提高国家竞争力的关键，科技教育浪潮大行其道。"当代民族国家为了调整自己和适应新的社会需求和期待，在现代民主社会中作为社会文化建制和象征的学校，正在转换他们的身份和角色。从社会文化环境上说，学校的一个重要功能一直是培养'心智和灵魂'健全的个人和公民，但现在学校要生产具有工具性知识和市场技能的产品。在这个转换中，学校教育的使命主要是为竞争性的世界经济市场培训有知识、有效率和有技能的工作者。"② 教育的目标由培养心智健全的公民演变为富有效率地制造有着强劲的生存能力的技术强人。教育的人学假设，由启蒙时代的"宗教人"转变为工业社会的"知识人"、"技术人"和各种"职业专家"的形象，正如海德格尔所指出的，不管人作为个人是否知道，是否愿意，他自始至

---

① 参见［德］马克斯·韦伯：《学术与政治》，冯克利译，生活·读书·新知三联书店 2005 年版，第 33 页。

② Jo Gairns, Denis Lawton and Roy Gardner. *Values*, *Culture and Education*. Kogan Page Limited.2001.p.2.

终都是技术人员。

纯粹的科学技术课程占据了学校教育的全部内容，科学技术教育成为教育的代名词。课程被界定为一整套系统的、静态的学科知识和技术培训。历史课程充斥了关于"客观性"的历史事件的记录，成为历史知识的记忆之学，失却了从历史的沧桑巨变中，汲取智慧，增强历史洞察力和历史使命感的价值意义。自然科学课程记载着各种概念、命题和原理，丢失了自然科学的文化价值和社会价值。剔除了价值意蕴的真理性认识只剩下"表象性思维"和"图像的世界"，教育所蕴含的丰富意义和多样性价值被遮蔽了，对生命、对世界的体验感悟与精神世界悠远的意境被悄悄抹去。

当教育的宗旨只是教人去追逐、适应、认识、掌握、发展外部物质世界，致力于教会人"何以为生"的知识和本领时，就前提性地放弃了来自人的生命深处的"为何而生"的价值追求。当教育把一切无限的目的都化约为现实生存的有限目的时，教育便除去了自身教化的天职，抛弃了人的目的性存在物的本质，失去了塑造人心灵的神圣尺度。这就是马克思所说的："技术的胜利是以道德为代价换来的……我们的一切发现和进步，似乎结果是使物质力量具有理智生命，而人的生命则化为愚钝的物质力量。"[①]

2. 大众文化的平面化

科学技术加速了文化商品化的进程，塑造出大众文化的消费特性。大众文化属于商业性文化，文化发展的逻辑被商品生产的逻辑所代替，商品化了的文化只承认利润和经济效益，以市场的叫卖声

---

① 《马克思恩格斯全集》（第12卷），人民出版社1998年版，第4页。

为旨归，相应地文化的反思性、启蒙性和教化功能被放在了微不足道的位置上，即经济价值高于文化价值。按照市场规律生产出来的消费文化是非理性的、潜意识层面上的，它遵循快乐原则，迎合、满足大众的感官欲望与本能冲动，在本质上是享乐主义的。詹姆逊曾经指出大众文化带给人的是一种变相的"吸毒快感"。"简单的快乐"是年轻人崇尚的文化样式，轻松快乐的故事，嘻嘻哈哈的情节，热热闹闹的场景，令人兴奋而又刺激的视听效果，这些文本是供人消费但不供人思考和阐释的，它自觉放弃精英文化对现实社会和未来世界深度思索的态度，带有娱乐性、消遣性，甚至反智性。太严肃的东西已经不符合人们的口味，苏格拉底式的痛苦的生命探究不如浅层次的身心愉悦和无深度消遣让人更加满足，人们喜欢"轻松调频"。

当文化只提供给人们感官刺激与快乐时，便遗失了一种深邃的超越向度和人文关怀。诉诸经验、感觉、快乐的叙事方式消解了文化的深度，使其平面化。平面化是指大众文化深层意蕴的消失，即大众文化提供给人们消费的文本只具有字面上的浅意，很少有背后的象征、引申、比喻等各种深度意义。以当前最畅销的 20 本书为例，有两类书始终列于排行榜的书单上——养生之道和减肥术，这些时髦的、表层日常生活的东西有着巨大的市场，对读者产生了不可思议的吸引力。人们生活在无拘无束、无敬无畏、无恶无丑的身心放松中，没有深度，没有理想，没有意义，没有价值。严肃的东西、"深度模式"、"崇高因子"不可避免地遭到了遗弃，比如企图透过现象抓住事物本质规律的认识论，力求从非本真性深入到对本真性存在把握的存在主义，以及挖掘"所指"隐含意义的符号学都被抛弃了。文化的功能被消解为娱乐、消遣和游戏，文化作为人类文明积极成果所具有的深刻的思考性、启迪性和教育性就被忽略了，文化本身的精神向度和内在美感消失殆尽。尼采曾说，当报纸替代现代资产阶级生活中的祷告，就意味着乱糟糟的、无甚价值的和瞬息的东西已经替代了他的日常生活中所有留下来的具有永恒价值的东西。詹姆逊惊叹这是一种"最极端、最反叛、最惊人骇俗的文化特征"，他用"空间化"、"平面化"、"无深度感"、"断裂感"、"愈趋浅薄的历史感"和创造上的"拼凑法"等大量带有贬义的词语来刻画后现代文化的特征。

在这样的文化背景下，教育自然也放弃了深度追问，不再对终极意义、绝对价值、生命本质孜孜以求，不再用意义世界彰显教育的目标和真谛。布鲁姆忧虑地写道，只要学生们戴着随身听的耳机，听着摇滚乐怡然自得，在生活中，他们就不可能听到伟大的传统在说些什么。而且，长期使用之后，一旦摘下耳机，他们就会发现自己成了聋子，不会说话，不会思考。

3. 消费主义的侵蚀

科学技术的发展带来物质财富的不断增长，"我们处在'消费'控制着整个生活的境地"①。在消费社会中，商品的堆积、丰盛、奢华构成令人炫目的社会景观，社会的价值中心也相应地转向了个体消费者，消费被描绘成一场"人文解放运动的前奏"②，人的意义和价值通过消费体现出来。弗里德曼指出，"在最一般的意

---

① ［法］让·鲍德里亚:《消费社会》，刘成富等译，南京大学出版社 2001 年版，第 6 页。

② 同上书，第 13 页。

义上，消费是创造认同的特定方式，一种在时空的物质重组中的实现方式。就此而言，它是自我建构的一种工具"①，即"我消费，故我在"。商品成为一种与消费者地位、身份、品位或个性相关联的符号。弗里德曼说："人们在商品中识别出其自身；他们在他们的汽车、高保真度音响设备、错层式房屋、厨房设备中找到自己的灵魂。"② 本来作为手段的消费，现在成为目的本身，成为生活的最高追求，人的精神被物化了，人的价值等同于物的使用价值。

物化倾向使现代人的存在方式表现为一个不断脱圣还俗的过程，经济主义、消费主义、功利主义、享乐主义等感觉至上的生活方式成为现代社会的主导价值观。年轻人相信"幸福"等同于"越多越好"的消费，他们注重物质的和功利的价值，执着于自我感性享乐的舒适。"倘若人不能……做到比在感觉经验条件下更充分地实现他自己的话，生活必将丧失一切意义与价值。"③ 生活的意义、道德的善恶都被归结为一连串冲动的消费行为以及伴随其中的快乐和痛苦，于是任何形式的内在性价值和理想性追求都显得不合实际。在世俗生活中，人们对生活不再留有任何抱负和远大的构想，只有"渺小和粗鄙的快乐"。

现代人无所不有，但却失去了某种重要的东西，那就是韦伯所

---

① ［美］乔纳森·弗里德曼：《文化认同与全球性过程》，郭建如译，商务印书馆 2003 年版，第 227 页。

② ［美］赫伯特·马尔库塞：《单向度的人——发达工业社会意识形态研究》，刘继译，上海译文出版社 2008 年版，第 9 页。

③ ［德］鲁道夫·奥伊肯：《生活的意义与价值》，万以译，上海译文出版社 1997 年版，第 41 页。

说的生命的"英雄维度",迎来了巴雷特指称的"世界的平庸",列斐伏尔隐喻的"风格的凋零"和莱恩的"分裂"。"人们不再有更高的目标感,不再感觉到有某种值得以死相趋的东西。"① 若要无拘无束的轻松快乐,就必须给严肃的精神世界彻底卸载,只有一无所负、摒弃善恶才会舒适。回归世俗,躲避崇高、逃离伟大,弃绝庄严,成为青年一代自发的精神趋向。人们通过对善恶、是非、美丑的评价表明他们是什么样的人,当崇高与卑劣的标准丧失时,人必然失去了人之为人的根基,一切都可以,但一切都没有意义。"不仅宗教在劫难逃,一切道德和正义也同样要毁灭。"② 于是,人们迎来了价值的"虚无主义",追寻真、善、美的核心价值观教育存在的可能性和必要性正在消失。

第二节 教育中的两种思维方式——相对主义与绝对主义

关于多元文化时代核心价值观教育的合法性问题,西方教育在理论与实践上出现了两种不同的应对路径,一个是价值相对主义,一个是价值普遍主义。

---

① [加]查尔斯·泰勒:《现代性之隐忧》,程炼译,中央编译出版社 2001 年版,第 4 页。

② [德]鲁道夫·奥伊肯:《生活的意义与价值》,万以译,上海译文出版社 1997 年版,第 21 页。

一、相对主义的应对路径

20 世纪 60 年代，西方国家开始进入多元文化社会，人们找不到某种神圣的理由，便只有依靠个体经验对人生的意义作出解释与设定。价值相对主义敏锐地洞察了文化环境的变化应运而生，成为这一时期教育的"主旋律"。在西方道德领域，有人把 20 世纪称为"相对主义的时代"。唯意志论、存在主义、精神分析学派，情感主义、境遇主义、杜威的实用主义等西方社会思潮，都带有浓厚的相对主义色彩。价值相对主义的实质是以个体价值观作为价值标准，坚持价值观念、价值理解和价值标准的个体性、相对性和易变性，反对价值的绝对性、普遍性和永恒性。萨特的观点具有一定的代表性，他指出没有哪一种普遍的伦理学能够指示你如何去做，道德来自于每个人的内心，人人都有绝对的自由将自己的观念赋予这个世界、付诸个体的行为。每一个人的每一种价值选择都表现了自己的主观意向，并且为自己的价值选择承担起完全的责任，价值标准和价值选择失去了普遍的基点，只具有个体的相对性与具体性。

受相对主义思潮的影响，20 世纪的教育无不具有强烈的相对主义色彩。布鲁姆这样描绘：学生们的文化背景和美国所能提供的一样宽泛。他们中间有的人信仰宗教，有些人是无神论者；有人倾向于左派，有人倾向于右派……但是无论有多么不同，他们在相对主义和对平等权利的忠诚的看法方面是一致的。如果有人对这两个看法的不证自明性产生怀疑，学生会大为惊讶，就好像他对 2+2 =

4 提出疑问一样。所以，在学校里，教授们可以绝对确定一件事情：几乎每一位学生都相信，或者自称他们相信，真理是相对的，这是自由社会成立的条件。① 在 60 年代之后的几十年当中，西方教育一直是在价值相对主义的大氛围下进行的，其间出现了价值澄清、价值分析、伦理推理等价值教育理论，其中以价值澄清学派最为典型。

第一，价值澄清学派认为价值观是个人的、相对的。依据杜威的经验论，他们认为价值标准完全由个人的生活经验决定，不同的个体经验会产生不同的价值观，而且随着经验的积累和改变，价值观也在变化，所以，人们只能返回自身认识价值问题。没有人对他人生活的了解比他自己知道得更多、更真实、更全面，没有人能够像他本人那样知晓自身的欲望和需求，清楚自己所处的特殊境况，因而任何人不能代替他人决策，不能成为他人价值标准的裁定者，价值是属于个人的事情。

第二，价值澄清学派强调教育要尊重个体自由选择的权利，保持价值中立的立场。价值澄清学派汲取了存在主义"自由至上"的思想，以自由作为一切价值选择的前提和标准，凡是尊重人的自由选择权利或有利于实现人的自由的都是有价值的。因此，在价值澄清的过程中，要避免向个人灌输任何价值观，放手让学生自由自主地行动，即在关于什么是善的生活的问题上秉持价值无涉的立场，不加干预和施以诱导。拉思斯指出："当我们的意图是澄清价

---

① 参见艾伦·布鲁姆：《美国精神的封闭》，战旭英译，译林出版社 2011 年版，第 1 页。

值时，我们必须不偏不倚地接受他人的立场。不管别人的言行如何，我们不必表示赞成。"① 他们认为，教育向个人回归不仅符合民主社会对人的尊重，而且更进一步讲是对"人性"的一种更为合理的理解。

第三，价值澄清学派不以教授某种具体的价值观为教育目的，而是强调价值选择的过程本身，以及学生价值选择能力的培养。价值澄清学派认为，交给学生某种既定的价值观，并不意味着他们能够应付当前复杂多变的社会文化状况。在新的情况下，"我们能教给他们一些更好的东西，我们可以教给他们用来获得自己的价值的方法"②，让每个人以他自己的方式追问个体存在的意义，培养学生独立思考、价值判断、价值选择的能力，使他们掌握未来生活中独立解决各种价值问题的本领。所以，"如何形成价值观"比"形成什么样的价值观"更为重要，"我们感兴趣的是进行评价的过程。我们对确定这些过程的结果，即儿童最终拥有怎样的价值观不甚关心"③。

在实践中，价值澄清学派由于否定了普遍价值观的存在，瓦解了共同的善恶标准，不仅没能澄清价值，反而导致人们价值世界的混乱与无序，造成20世纪80年代青少年的道德滑坡、行为失范和信仰危机。面对严重的道德问题以及由此带来的一系列社会问题，

---

① ［美］路易斯·拉思斯：《价值与教学》，谭松贤译，浙江教育出版社2003年版，第2页。

② Simon, S and Olds, S. *Helping Your Child Learn Right From Wrong: A Guide to Values Clarification.* New York: Simon Alld Schuster. 1976. p.17.

③ L.E., Raths, M. Harmin, S.B. Simon: Values and Teaching: Working With Values in the Classroom. Columbus, Ohio: Merrill Publishing Company 1978, p.35.

美国民众强烈要求政府重建价值观教育。于是，倡导核心价值观教育的"品格教育"，在政府的大力支持和民众的强烈呼吁下重归主流地位。

二、普遍主义的应对路径

面对相对主义取消公共价值观教育造成的混乱，普遍主义立场的价值观教育模式和运动开始兴起，主要表现为 20 世纪 70—80 年代的柯尔伯格的道德认知发展理论和 90 年代品格教育的回潮。前者认为，存在普遍性的道德原则，但是在具体的道德内容上坚持价值多元论的立场，所以被称为形式的普遍主义；后者则主张，不仅存在着抽象的普遍原则，也存在具有实质内容的普遍价值观，被称为实质的普遍主义。①

柯尔伯格对相对主义的教育理解进行了修正。价值相对主义之所以主张每个人的价值都是相对的或同等正确的，其背后的理念是相信每个人都享有决定自己信念和价值观的权利和自由，尊重人的权利就应该尊重他的价值观。在柯尔伯格看来，尊重每个人的权利与尊重他的价值观是两码事。"每个个人在信仰和价值的领域中都有同等的权利这一点并不意味着必须将每个个人的价值观看作是同等的正确。我们尊重作为一个个人的艾希曼（Eiehman）的权利，但不必因此将他们的价值观看作同自由和公正的价值具有同等的说

---

① 参见余维武：《冲突与和谐——价值多元背景下的西方德育改革》，江苏教育出版社 2009 年版，第 79 页。

服力。这在逻辑上不仅是不必要的，而且是不可能的。"① 尊重每个人意味着他有自由表达的权利，但并不等于承认他们所表达的价值观都是正确的、合理的。

柯尔伯格认为道德发展阶段和道德原则都具有普遍性。道德发展阶段的普遍性是指个体道德的发展形式和阶段都呈现出一个恒定不变的先后顺序，遵循相同的发展步骤。道德原则的普遍性是指用于指导人们作出价值判断、价值选择的原则具有普遍性。关于普遍适用的道德原则是什么，柯尔伯格断言是"公正"。他认为"公正"是人类最高、最重要的超越了不同文化的普遍的道德原则，"公正是一个合法的公立学校系统可以合法地教给儿童的唯一原则"②。

柯尔伯格批判了价值相对主义，也反对回到传统的美德教育。他认为，传统美德教育传递权威机构确定的价值观念、习俗规则和行为方式对于提高学生的道德品质并没有明显的效果。究竟哪些美德可以归入"美德袋"，人们的认识是不同的。一些人认为是诚实、宽容，一些人认为是关怀、责任，即便是要表达同一种美德，对其具有的内涵和指涉的内容，人们的理解也不一样，比如对于正义、幸福，人们会有千差万别的迥异看法。因此，柯尔伯格认为在公正的普遍原则下并不存在具体的、实质内容的普遍价值观。

柯尔伯格在对价值相对主义和传统美德教育的双重批判中，把道德原则的普遍性与道德内容的多元性、具体性统一起来。但是，

---

① ［美］柯尔伯格：《道德教育的哲学》，魏贤超等译，浙江教育出版社 2000 年版，第 59 页。

② 同上书，第 89 页。

由于忽视了实质意义上价值观的普遍性，也陷入了与价值澄清学派同样的困境，没有能够解决价值冲突和混乱的问题。

从80年代末90年代初开始，进入了所谓的"后柯尔伯格"时代，品格教育开始复兴。品格教育的回潮是对相对主义教育理论与实践的一个修正。品格教育认为，美国严重的道德问题的出现，是教育遗失了美国"伟大传统"的结果，因此学校有义务向学生传授一些人类所普遍共享的、对个人和社会都至关重要的核心价值观，这不仅是合法的，而且也是必要的和责无旁贷的。到90年代中期，品格教育在西方教育中成为主流，还得到了政府的支持。

基于社群主义的观点，品格教育认为，即使在这个充满了价值观念冲突的社会里，也存在着普遍认同的价值标准，教育应该"以确信具有为人类所普遍共享的客观道德真理为前提的，或者是相信具有永恒的人类可以普遍认同的价值观是品格教育的关键前提"①。所以，与柯尔伯格的道德认知发展理论不同，品格教育除了坚持道德原则的普遍性，认为还存在着具有实质内容的普遍"品格"。品格教育的"品格"，既不是价值澄清学派主张的个人价值观，也不是传统美德教育意义上国家权力严格控制下的价值灌输，它是一种"核心价值"，是多元文化社会中人类共享的、重要的价值观，这些价值观在长期的人类历史中已被证明是正确的，是社会存在的基础。品格教育认为，教育如果不能把核心价值观传授给学生，就丢弃了教人求真向善的职责，是严重的失职。教育有责

---

① 余维武：《冲突与和谐——价值多元背景下的西方德育改革》，江苏教育出版社2009年版，第121页。

任、也有义务在多元的价值观念中引导和帮助受教育者辨别什么是真理，用正确的、美好的、向善的价值观念教导他们。所以，品格教育反对价值中立的教育立场，认为那是不负责任的表现，他们强调教师是道德的代言人、美德的施教者和学生行为示范的榜样，提倡教师要敢于教授正确的价值观，并通过以身作则影响学生。

三、对多元文化时代西方价值观教育应对路径的评析

相比于传统意义上一元价值观教育的控制与封闭，价值相对主义具有解放的旨趣，它立足于人的生存，关注受教育者在生活中的态度、情绪、兴趣、烦恼等问题，张扬了人的主体性和创造性，人的价值选择的自由权利得到了尊重和保护，这种教育模式富有民主、平等、自由与宽容的精神，防止了精神的奴役。但是，其中立的价值立场也引发了"无法想象"的危险——放弃了对价值行为的引导，弃绝了普遍认可的价值标准和共同信仰，必然会造成个体精神的困惑茫然与社会的混乱无序。

普遍主义的应对路径使人们的思想认识和行为方式保持了相对的一致性，但是其社会中心、国家主义的立场又被指责忽视了人的独特个性，剥夺了个体自由选择的权利，带有压迫的意蕴，不能启迪个体在价值判断、价值选择时审慎的理性思考的能力。

纵观多元文化社会价值观教育的应对路径，可以发现贯穿其中的一条主线是价值的绝对性和相对性的关系问题。正是基于对价值绝对性和相对性关系的不同认识，人们采取了不同的应对方式，也

只有对二者的关系形成正确的认识，才能找到多元文化社会里核心价值观教育发展的正途。

价值的绝对性包括两个方面：一是价值的普遍性和一般性；二是价值的稳定性和确定性。价值的普遍性表现为在一定范围内人们具有相同的价值，比如忠诚、勇敢、宽容、公平、正义在很多国家和民族都被视为重要的价值，为人们所共同追求，具有超越个体和跨越不同社会的普遍性。价值的绝对性还表现为在一定条件下，客体对主体有无价值和价值大小是客观的、确定的。从历史角度看，一些价值在不同的时代都被人们视为重要的价值而传承下来，这些价值就具有长期的稳定性和历史的确定性。

相应地，价值的相对性也有两个方面：一是价值的个体性和特殊性；二是价值的易变性和不确定性。价值主体性决定了价值的相对性。在现实生活中，人的主体形态并不是单一的，而是多层次、多方面的，个人、群体和类主体都是独立的主体形态。不同层次的主体的价值观是多向、多元和复杂的，同一层次的主体由于彼此之间在生活环境、文化传统、发展方式以及能力、需要等方面的不同情况，其价值观念和价值标准也各不相同；即使对同一个主体而言，在不同时期其需要也常常是变化着的，它们共同构成了价值观多元化的现实状况。同时，个体主体对客体价值的判断也经常发生变化，具有易变性。过去认为没有价值，或者价值很小的东西，现在具有了重要的价值，而过去认为价值很大的东西则可能失去了价值。在多元文化社会里，在不确定性的时代，价值的相对性、特殊性表现得更为明显，每一个主体都有自己的一套价值坐标体系，不同主体之间在价值关系上不能彼此替代，而且主体对客体的价值判断经常转瞬变化，飘忽不定。

多元文化社会的核心价值观教育是价值绝对性和相对性的统一。一方面，核心价值观教育具有普遍性的一面。核心价值观教育的任务在于传递一种普遍性、稳定性的价值观，使个体摆脱自身境遇的限制所带来的狭隘性，成为一种具有普遍性意义的存在，即由"个别的存在"走向"普遍的存在"，从"偶然的人"成为"真正的人"，完成个体社会化的过程。另一方面，核心价值观教育也具有特殊性、个体性的一面。核心价值观教育不是宣扬某种抽象的普遍性，不是外在地向人阐明一套普遍有效的观念和原则，而是在生动多样的人的具体实践中得到规定和实现，任何价值引导都不能无视多元个体的存在，任何价值谋划都不能忽略个体发展的多种可能性。所以核心价值观教育正是在普遍与特殊的对立统一的张力中展开自身活动的，它既不主张普遍压制特殊，也不鼓吹完全意义上的特殊，而是普遍与特殊之间不断碰撞、相互磨合，特殊不断改进和充实普遍，普遍不断滋养和哺育特殊。这是核心价值观教育的创造之路，只有这条道路才能消解"特殊"与"普遍"的对峙，走出人和教育的分裂状态，使双方在相互作用中都获得解放。

具体而言，价值的绝对性与相对性的关系问题，在多元文化社会核心价值观教育的理论和实践中主要表现为共识与差异、权威与自由这两对矛盾。只有处理好这两对矛盾核心价值观教育才能找到正确的应对路径。

1. 共识与差异

教化具有形塑的作用。培养人们的普遍理性，形成自由、民主、平等、和谐等共同的价值取向和追求是教化的重要任务。教化是超越个体的先天自然素质，用一套社会普遍认可的价值观教育个体，使其发生"精神转变"，"达到人性之完满"。黑格尔认为教化就是"向普遍性的提升"，这个提升"要求为了普遍性事物而舍弃个性，然而对个性的舍弃却是否定性的，即对欲望的抑制以及由此从欲望事物中的解放和自由地驾驭欲望事物……谁沉湎于个别性，谁就是未受到教化"①。可见，教化的过程就是普遍性的、共同性的价值观念的获得。

作为教化的重要手段，核心价值观教育的任务和目的就是探寻和传播一种普遍性的价值共识。如果没有价值共识，核心价值观教育的存在既无必要也无可能。然而，上帝死后，价值的本源深深地植根于每个主体自身，任何独一无二的"个体尺度"都得到平等的尊重，我不能以自己之外的某个模式或标准安排生活，我只有讲述自己与众不同的东西才能发现自我、创造自我，否则就会失去自我的本真的存在，人与人之间的差异被赋予了道德的含义。因此，在多元文化社会中，价值共识的"一致性"和"总体性"，常常与个体的特殊性在表面上显现出一种对立和抵牾。

共识是人们共同认可、同意或一致的意见。只有当差异各方服从某一个观点时才能达成共识，这很容易让人以为共识是对多元差异的否定和压制。事实上，"一致意见"的达成有两种情况：一种是依靠强力使差异各方服从自己的观点和意见，即一元霸权；另一种是经由差异各方的对话、争辩、妥协和相互批判形成一致性认识，即价值共识。价值共识不同于一元霸权。一元霸权是依靠外在

---

① ［德］伽达默尔：《真理与方法》，辽宁人民出版社1987年版，第14—15页。

强制使多元差异的各方归结于一方，从而确立起一元价值观的统治。价值共识则是肯定差异各方的独立存在，强调通过差异各方自愿、平等的对话和理解形成共同的意见。

共识不排斥差异。真正的共识包含着差异，并不压制差异。多元文化社会的价值共识不是同质认同，即不是"消除内在的价值差异走向同一个点"①。如前所述，价值共识承认差异各方仍是相对独立的存在，通过对话、理解在共同关心的问题上形成一致意见。价值共识不是采取排斥一切差异的自我中心的态度，它会平等地对待各方的意见，形成一种大家商谈后达成的"集体意志"，这就排除了一种意见或观点通过强制手段要求其他各方服从自己的可能。用这样的共识要求人们共同遵守，并不违背民主的精神。而且价值共识并不是一种无所不包、无所不及的价值标准，它并不侵袭所有差异存在的领域，而是有着自身的合理界域，它以一种"有限"的方式介入特殊的表达。所以，真正的共识并不压制差异，压制差异的是一元霸权。

共识以差异为基础。真正的价值共识不是一个预设性的、先验性的理论体系，只有与差异性的个体生活和本民族特殊的文化相结合才能具有现实的基础，才具有真实的合法性。价值共识不是抽象的道德乌托邦，必须立足于多元价值主体的现实生活，关注现实中的人的存在和发展的重大问题。这是为什么罗尔斯在"无知之幕"中揭示的作为普遍正义的价值共识被攻击的原因，他的求证方式是

---

① 贾英健：《经济全球化进程中价值认同的多重方式》，《中央济南党校学报》2007年第3期。

从先验的前提预设出发的。真正的价值共识是对现实中差异性生活实践的理论总结、概括和提升，也就是说虽然价值共识是一种普遍理性，但是所有的价值共识都必须来自于并落实于实实在在的主体真实性、独特性的生活实践之中。人们不同的生活方式、风俗习惯、日常行为、文化礼仪等都是形成社会价值共识的丰富资源。当然，差异性的价值诉求不能直接构成普遍价值规范和价值标准的内容，但却是形成价值共识所必不可少的条件和前提。此外，共识也只有通过主体多元化的生活样态和特殊的文化实践才能将自己的普遍性在现实中书写出来。真正的共识在现实世界中的表现不是单一的，而是生动多样的，达成共识的差异各方无论是个人、群体，还是不同的文化都可以依据自己的文化背景和生活理解进行不同的表述，它可以拥有多副面孔，正所谓"一种共识，各自表述"①。共识来源于差异，并通过差异表现出来，这种与差异相联结的共识天然地具有了获得差异各方和各种特殊性认可的基质。

共识经由差异得以丰富和深化。对真正的共识而言，差异不是灾难，而是一种"财富"，因为差异对共识的批判蕴藏着巨大的思想张力。多元差异在"互竞"中，通过彼此之间的对话沟通、辩论争执，扩展了思想的视野，将不同的文化模式、不同主体的思想观念中的精华部分有效地整合在一起，可以形成一种更高的"共相"。共识经由差异的改进和充实会变得更为丰富和深刻。黑格尔指出："普遍性既是'最单纯的'东西，因为它是由'自身关系'规定的，也就是说，它在概念上不用求诸身外之物；但同时，它又

---

① 王葎：《价值观教育的合法性》，北京师范大学出版社 2009 年版，第 104 页。

是最丰富的东西，'因为它是概念'。"① 通过看似同义反复的话语，黑格尔实际上表达了这样一种思想——普遍性看似简单、抽象，在理论上独立，但是这种抽象、深刻是从具体的、丰富的特殊性中抽取出来的。经过多元化、差异化的特殊性的碰撞、磨合之后的普遍共识，吸取了差异的"能量"，包含了"差异"的思想张力。这种"共识"，作为一种文化的整合与创新，相对于之前的思想观念，意味着意义的丰富、智慧的增长和某种打动人心的力量的获取。正如罗尔斯所认为的，达成共识不能依靠某一种普遍完备性学说。他说："在相互认同差异的基础上走到一起——那就是，认同不同同一性的平等价值——要求我们共享比单单相信这个原则还要多的东西；我们必须也共享证明这些同一性是平等的某些价值标准。必须有某个关于价值的实质性的一致意见……认同差异，像自我选择一样，要求一个关于重要意义的视野，一个在此情形下共享的视野。"② 差异性的"同时在场"和"汇入"会形成一个不断生成、丰富着的精神系统，避免价值共识因僵化而导向"一元霸权"，赋予共识生生不息的力量。共识的丰富性和生命力就蕴藏在差异性之中。

差异也不排斥共识。差异渴望达成共识。"差异"本身包含着对"共识"的渴望和关切。差异各方无休止的争论不可避免地导致价值观念的混乱，将人们抛入一种无序的状态。价值观念的困惑

---

① ［德］黑格尔：《逻辑学》下卷，杨一之译，商务印书馆 1981 年版，第 268 页。

② ［加］查尔斯·泰勒：《现代性之隐忧》，程炼译，中央编译出版社 2001 年版，第 59—60 页。

和价值选择的无所适从，使得信奉不同价值观念的人们内心都渴望
拥有一种可以共享的普遍价值观作为他们行为的规范和价值评价的
标准，给自己和社会一个稳固的支点。特别是当不同的价值观念、
文化观念之间的矛盾在宗教、经济、政治等因素的诱导下演化为战
争或暴力对抗时，两败俱伤的惨痛事实，更使人们希冀利用普遍的
价值共识减少文化间的摩擦和冲突。哈贝马斯指出，多元文化社会
要解决价值冲突，就必然需要有判断行为之善恶是非的普遍的标
准，"道德密码……只有当他们拥有普遍的内核的时候才能接
受"[1]。普遍性在一定程度上代表着必然性的东西，代表着对特殊
的超越、驾驭和协调。

差异只能存在于共识之中。差异存在的预设前提是在共识的背
景中，共识为差异提供了一个可供比较的平台和尺度，如果没有一
个"共同的尺度"，任何差异都不可能进行比较，从而无法在比较
中显现出自身的独特性，成为自身。如果没有共识，差异以及对差
异的意识都无从产生。[2]

差异中包含着共识。差异并不是绝对的差异，差异也具有主体
间的向度。从人的存在来看，不仅是独立的、自主的，也是一种关
系性的存在。这种关系性的存在赋予人一种"价值关联"的维度。
我的生活叙事总是镶嵌在我与他者、社群、历史、传统的普遍的社
会关系之中，我在这诸多的关系中生存，属于"我"的特质中，

---

① ［德］哈贝马斯：《现代性的地平线——哈贝马斯访谈录》，李安东、段怀青译，上海人民出版社 1997 年版，第 120 页。

② 参见王啸：《价值观教育的合法性》，北京师范大学出版社 2009 年版，第104 页。

必然融入了诸多向度的因子，加入了自我之外的共同的、普遍的东西。人的存在的基本特性是"共在"。"共在"使"他者"成为一面"镜子"，依据这面"镜子"，"我"反思自己的独特性是否合理，检视自我意志是否偏执，评价自己的行为是否恰当。于是，我的价值判断中掺入了他者的判断，我的价值理解中融入了他者的理解，我的价值评价中参与了他人的意见，它们共同丰富着"我"，相互间构成了一个互动、共享的价值视界，使个体善与共同善发生了内在的勾连。泰勒曾批评德里达和福柯对个体真实性和创造性的片面理解。他认为，"真实性"包含两个方面：一是自我创造、自我发现和个性独特；二是在对意义世界的沟通对话中的自我定义。一个真实的自我，绝不仅仅是个性的张扬，还要看到通过主体间的互动，他者对自我的丰富、发展和充实。价值共识应有的品格是保持多元价值观念之间的开放与对话，而不是某种特定价值观念的固守与强制。在这里，我们发现，实际上差异反对的不是共识，而是一元霸权。

差异在共识中得到校正和提升，不断丰富和完善。完全依据个人喜好形成的特殊价值观，很多时候并不具有合法性。黑格尔指出："特殊性本身既然尽量在一切方面满足了它的需要，它的偶然任性和主观偏好，它就在它的这些享受中破坏本身，破坏自己实体性的概念。"① 共识不是差异的机械的堆砌，也不是放弃一切内在规定性的无条件的对各种价值观念的接受与肯定，而是承担着对差

① ［德］黑格尔：《法哲学原理》，范扬、张企泰译，商务印书馆1961年版，第199页。

异各方扬弃提升的使命，共识可能会压制、剔除差异中的某些不合理因素，但却保护差异的长远利益和整体利益。"异"只有在与"同"的连接中，经过普遍性的纳取与吐放，才能避免自身的狭隘、庸俗与片面，变得深邃、博大与厚重。"我"的存在只有超出了自身的边界走向更广阔的天地，才能获得意义世界的丰富和充盈，使独特的个体存在得以扩展和延伸，这正是荀子所言的"不全不粹不足以为美"①。

可见，真正的共识并不与差异完全对抗。相对立、相抵牾只是共识与差异关系的最外在的表现，在深层意义上，差异需要走向共识，真正的共识也具有包容和顺应多元价值观和谐共在与共同发展的一面。价值差异与价值共识"愈分别，愈通连，愈求其同，愈见其异，愈判其异，愈见其同"②。它们的共同存在，使价值世界既保持一致，又存在多样；既维持着稳定，又充满了活力。核心价值观教育是在共识与差异之间寻求和谐的过程，在教育中既尊重价值观的差异性，促进个性的发展，又不限于自我特殊性的一隅，固守不可通约性的个性，而努力领悟与涵化社会的、历史的以及人类所共享的核心价值观。

2. 权威与自由

合法性在本质上是要在广泛的社会成员中形成一种对权威的认同。核心价值观教育的合法性是以对核心价值观"权威性"的承认为基础的。然而，在多元文化社会中，自由被奉为现代性的最高

---

① 《荀子·劝学》。

② 何玉兴：《价值差异与价值共识》，《河北师范大学学报（哲学社会科学版）》2000年第4期。

价值，个体价值观的自由伸张必然与处于统治地位的具有普遍约束效力的价值规范和价值标准形成一定的对抗，权威自然就成为最醒目、最有代表性的被自由主义攻击的靶子。自由要推翻一切权威，没有权威的社会是多标准的，也可以说是无标准的社会，谁都可以有自己的价值观念和价值标准，而哪一种都不是权威。麦金太尔指出："当代道德危机是道德权威的危机，人们无从找到这种合理的权威。"① 由此，权威与自由在多元文化社会中处于一种对立的状态。

所谓权威，是指"在实践中形成的最有威望、最有支配作用的力量"，是"成功的命令或嘱咐"②。权威不是绝对的、抽象的实体，而是一种使人信服的力量。在价值领域中，权威就是能使人信服和遵从，并在一定范围内指导人们生活的价值观念、价值标准和价值原则。权威包含着意志施加者的支配与意志接受者的服从两个方面。恩格斯指出："权威是把别人的意志强加于我们；另一方面，权威又是以服从为前提的。"③ 这种"支配—服从"的关系，很容易让人认为权威是对个体自由的否定，即权威的支配力量的发挥是以个体的屈从为前提的。但是，这种认识是建立在对权威含义的歪曲理解之上的。支配与服从有两种情况：一种是依靠外在力量的强制，使服从方服从意志方的支配，即权力；另一种是服从方对意志方的出于自愿的认同，即权威。

权威不同于权力。权力在一般意义上用于统治与被统治、命令

---

① ［美］A.麦金太尔：《德性之后》，龚群译，中国社会科学出版社 1995 年版，第 9 页。

② ［美］丹尼斯·朗：《权力论》，陆震纶、郑明哲译，中国社会科学出版社 2001 年版，第 373 页。

③ 《马克思恩格斯选集》第 3 卷，人民出版社 1995 年版，第 224 页。

与服从的关系，它是依靠国家政权等社会组织的外在力量，以强制性的方式发挥作用。权威的服从则是一种信服。权威是服从方经过自身的价值理解和价值判断后，自觉自愿地认同对支配方的意志，然后作出服从的行为。权威不会强迫人们必须去做什么，它一定是心之归属与渴望。对权威的服从正是孔子所言的"从心所欲不逾矩"①，是超越了勉强与强制的出自内心的听从与信仰，是一种"由己"的活动。简单地说，"权威是建立在威望和尊敬之上的权力"②。人们认同了一定的意志，并自愿服从，权威便形成了，具有了存在的合法性，获得了支配的力量。

真正的权威并不压制个体自由。对权威的服从不是出自对暴力的恐惧，而是基于自愿；不是凭借他人或社会组织等外在强力的镇压形成的屈从，而是由权威自身的智识、吸引力和感召力形成的心悦诚服、人心所向的"威望"。在现实生活中，压制自由的常常不是权威，而是外部强加的权力，即强权，它已经背离了权威的本意。例如杜威痛斥传统教育的最大问题在于强迫个体接受僵化绝对的道德权威，杜威批判的并不是真正的权威，而是"所谓的权威"，是"求助于外部，求助于教师或教科书的威望，求助于惩罚或其他不愉快的事……"的外在强权。③ 正是因为强迫和控制，使原本存在于权威之中属于权威本身构成要素的自由，与权威之间产生了裂痕和疏离。

① 《论语·为政》。
② 王葎：《价值观教育的合法性》，北京师范大学出版社 2009 年版，第 148 页。
③ 参见［美］杜威：《教育上的兴趣和努力》，《学校与社会·明日之学校》，赵祥等译，人民教育出版社 2005 年版，第 192 页。

权威不仅不压制自由，反而以自由为基础。建立在认同基础上的权威，存在于自由之中，本真的权威只有经由自由才能建立起来。"认同"不同于强权压制与盲目遵从，"认同"的前提条件是具有独立身份和自由权利的主体的存在，在自由条件下获得的认同才能成就真正的权威。不仅自觉自愿的"认同"成就了权威，而且自由的"批判"精神是权威创新发展的动力机制。权威一经形成，作为控制和支配的力量，常常带有压制的霸气，作为习俗与传统，又常常具有明显的惰性。自由的批判能够抵制权威的霸气和惰性，祛除其保守僵化的气质，使权威获得欣欣不已的生长的力量，永葆生机与活力，避免其因僵化保守而进入权力的界域。通过不臣服的自由主体的批判、质疑和挑战，权威不断地被修正、更新和重构。经由自由"校正"的权威能够长久地生存于自由主体的认同之中。没有自由的权威，只能走向绝对，导向专制。

自由也并不反对权威。自由作为现代性的核心价值，表现为对人的权利的尊重。作为权利的自由是指"有权从事一切无害于他人的行动"[①]。在经验层面上，它包括消极自由（免于……的自由）和积极自由（做……的自由）。自由主义十分强调"消极自由"，即一个人具有能够不受其他人或群体干涉的行动范围，这个范围是不能被逾越的。因此，自由主义主张应当在个人的私生活与公共权力之间划出一道界限。可见，自由并不是要反对权威，它针对的是权力。

自由需要权威。没有权威的自由必然会失去自身的生存权。自

---

① 《人权宣言》第四条。

由并不是人的主观任性，正如黑格尔所说的，那种想说什么就说什么、想干什么就干什么的随心所欲、为所欲为，是一种缺乏教养的无政府主义的表现。杜威也认为这是对自由的一种误解，他说："摆脱别人的控制，而听任临时出现的念头和反复无常的想法支配自己的行动，即是说完全由冲动摆布而无理智的判断，这样做是有百害而无一利的。如果一个人这样来控制自己的行为，那不过只是对自由的一种错觉。"① 恩格斯也从认识论角度指出，所谓自由，是对必然的认识并依据这种认识对外部世界进行改造。自由主义则在经验层面上指认自由实质上是法律下面的自由，人们可以追求自己的感觉和欲望，但是要受到不能侵犯他人自由的法律规范的约束。这里，自由存在于理性、必然性、历史、传统、法律及社会关系所建构的规定性之中，无论是普遍的理性法则、必然，还是法律，都意味着一种规制、一种权威，特别是它们成为一种传统和文化之后，更成为人们加以服从的权威，只有在这种权威之下才能获得"现实"的自由。

真正的自由只有在权威的引导之下才能获得。自由不仅意味着对锁链的挣脱，摆脱了外部强权的自由只是"形式的自由"，杜威提出"真正的自由"是一种内在精神自主的自由，即"理智的自由"。真正的自由是必须经由理智的指导，理智意味着人生是一个"价值承付的过程"②。理智的自由中包含了"权威"的意蕴，它要求在儿童自由的冲动和先天的兴趣中加入权威的参与，需要权威发

---

① [美]杜威：《我们怎样思维·经验与教育》，姜文闵译，人民教育出版社2005年版，第278页。

② [法]艾玛纽埃尔·勒维纳斯：《上帝、时间和死亡》，余中先译，生活·读书·新知三联书店1997年版，第214页。

挥其感召力，引导率性而为的个体去追求真实的、有承载力的理想信念。失去权威引导的"放纵的自由"，会使价值生活不再严肃、庄重和丰厚，只能是肤浅、粗糙和狭隘的。正如杜威所指出的，没有一个东西能从先天的自由中发展出来，从粗糙的东西发展来的只能是粗糙的东西，期望一个受教育者从他自由的天性中发展到一个宇宙是绝不可能的。所以，杜威一再强调没有权威就不可能有教育，没有权威的自由教育是不可想象的。他说："当我们抛弃了外在的权威时，并不意味着继而抛弃一切权威，而是需要寻找一个更有效的权威源泉。"[1] 权威看似是一种限制，实则自由的保障。我们只有选择我们认同何种权威的自由，并不存在不选择权威的自由。

权威既不是自由的桎梏与羁绊，自由也不是只会对权威起着摧毁与破坏的作用，二者相互依存，相互生成。没有自由的权威会导向专制，没有权威的自由只能是低级的本能和粗鄙的放纵；权威赋予自由以深度和厚度，自由给予权威以灵动和活力。本真意义上的核心价值观教育是二者的辩证统一。

第三节　多元文化时代核心价值观教育的现代意义

在我们今天这样一个多元文化的时代，面对价值冲突与价值混

---

① ［美］杜威：《我们怎样思维·经验与教育》，姜文闵译，人民教育出版社2005年版，第272页。

乱引发的个人精神危机，社会价值秩序的破坏、文化认同问题的凸显等，核心价值观教育显得尤为必要和紧迫，具有重要的当代价值。

一、建构个体的精神家园

每个人生活在世界上，都要对自己的人生价值与意义不懈地追问，思考并回答"我是谁"的问题，从而建构着自己的精神家园，这是个人自我意识的核心内容，也是个人活动的指针。人是一种有意识的存在物，这种意识首先表现为自我意识。人的自我意识不仅是对自我的实然的认识，即把自己的"存在"（自然属性、社会属性和思维属性）作为"意识对象"，而且是对自我的应然的认识，即把自身存在的"意义"以及对存在所具有的意义作为再思想、再认识的对象。这种意识实际是关于价值的意识，也就是价值观。价值观是自我意识的核心内容，个体正是通过自身稳定、明确、连贯的价值观进行自我认同，确认自我的身份，形成主体意识，澄清"我是谁"。明确而坚定的价值观是一个人心理成熟、人格健康的重要标志。从人的活动来看，人的活动本身就是追求价值、实现价值、形塑价值观的活动，同时它也是在一定价值观的指导下形成和展开的。价值观作为一种对人生应然状态的期盼，为人们的行为选择和生活方式提供依据和理由，为人的认识和实践活动提供导向。在活动中，个人总是根据价值观来确定评判具体事物的尺度和标准，作出自己的选择，确定行动的方向。

对个人而言，价值观不是先验的，而是通过社会教育习得的。

每个人自降生就存在于先于他而存在的社会文化环境之中。这些社会与文化的环境，比如一定的社会物质生活方式、经济制度、文化传统、风俗习惯等都在潜移默化地影响着置身于其中的人们的价值观。任何一个社会、任何一个国家都为其成员提供了一套价值观。社会、国家一方面通过政策、法律、教育等手段，有目的、有计划地把渗透着自身意识形态的核心价值观传递给社会成员，不断地塑造、调整或校正他们的价值观，从而使个人价值观与社会价值观协调起来，维护社会的统一和稳定。另一方面，社会在传递核心价值观的过程中，每个社会成员都受到教育、濡化和熏陶，他们的价值观不断地形成和发展，建构着自己的精神世界。

核心价值观教育正是个体社会化的过程，通过教育，个体不断习得社会认可的价值观，了解和适应他所在的社会的价值标准、生活方式和行为规范，并从中筑塑自身的人格。就个体的人而言，诞生之时他并不是真正意义上的人，用黑格尔的话说，仅仅是一个"自在"的人，只有经过文化的"濡化"，在接受教育和不断地学习过程中将社会、民族、时代传承下来的核心价值观内化，才成为一个名副其实的社会成员，成为一个真正的人。核心价值观教育在完成"人文化成"的使命，人由生物人变为文化人，将自然性变为社会性。核心价值观教育的过程就是一定自我意识的形成、一定社会价值观的把握、一定行为方式获得的过程。所以，核心价值观教育活动、人的社会化过程、价值观的获得与主体性的确立，实际是一个问题的四个方面。

多元文化表达了我们这个时代的特征与复杂性。全球化进程和现代性的发展使现代文化表现出多样性、流变性、断裂性，价值多元化随之成为不争之事实。价值多元化在"祛魅"、"解放"的同时，也带来新的价值难局，即价值相对主义和虚无主义。哈贝马斯说："从一切综合中解放出来的多元性使得精神科学内部不可避免地出现了相对主义。"[①] 价值相对主义拒斥价值的确定性和绝对性，否定普遍有效的价值标准和价值规范的存在，强调价值的个体性原则。价值相对主义必然带来价值之间的冲突，韦伯称之为"诸神之争"。价值相对主义的极端化则是价值虚无主义的弥漫。"虚无主义意味着什么？——意味着最高价值的自行贬黜。"[②] 虚无主义是 19 世纪以来流行于整个西方世界的"世纪病"。尼采写道："上帝死了"，欧洲自此进入了虚无主义时代。在尼采看来，上帝是在一种非常独特的意义上死去的，即他不再扮演传统意义上的社会角色，上帝不能像过去那样对所有人发号施令，要求所有人按照他所确定和安排的生活方式组织起来。当一个社会不再拥有一个公认的价值基础时，虚无主义便会出现。当上帝作为绝对价值被废黜之后，哲学家们用人代替神，用人的理性、实践、意志与非理性对抗绝对理性，用人的感性来否弃超验性，但由于人的理性的有限性和局限性，这些努力并没有给人提供一种价值的绝对基础，导向人的自我确证，而是走向后现代主义对人的彻底解构。

在价值相对主义与虚无主义的旋涡之中，我们看到人们的精神生活呈现出巨大的断裂：生活的统一性、完整性破碎了，内心的价

---

① ［德］哈贝马斯：《后形而上学思想》，曹卫东译，译林出版社 2001 年版，第 154 页。

② ［德］尼采：《权力意志》，张念东、凌素心译，商务印书馆 1998 年版，第 280 页。

值秩序发生了根本性位移，人们的灵魂与身体、理性与感性、内容与形式、凡俗与神圣、此岸与彼岸的分裂开来，精神被置于"两阙的状态"（the half-and-half condition）。终极价值的阙如，更使个体陷入无意义的焦虑和孤独之中，并在这种浓厚的焦虑与孤独中走向个体的虚无。事实上，在充满物化逻辑的现实生活中，只要仔细体察，我们可以毫无困难地发现缺乏价值信仰的物欲主义、消费主义、享乐主义的流行，也可以体验到种种空虚、荒诞、无意义、无力感的存在。个体不能形成一个完整的、有力的、前后一致的价值体系，"碎片式"的存在使人们失去了理解和统摄生活的能力，产生出信仰危机和认同危机。

尽管价值危机、认同危机并不能局限在价值观与精神自身范围内加以解决，但是，面对现代社会中的价值观以及个体精神如此面相，核心价值观的反思、重构与教育成为现代社会必须承受之重。事实上，当代社会价值相对主义、虚无主义的弥漫，人们价值选择的困惑与茫然，价值观的冲突与人们精神心理的危机等，已经以问题的形式凸显了对核心价值观及其教育的欲求。

"现代社会的发展使社会文化出现多样性展示、流变性呈现和断裂性改变，所有这些都促使人们产生文化上的焦虑和自觉，也必然使人们思考现代社会应该用什么样的价值观念来统领整个社会，从而使人们获得归属感和稳定感。"① 因此，在多元文化背景下，现代社会并不是要放弃核心价值观及其教育，而是需要迫切地意识

---

① 韩震、吴玉军：《当代和谐社会建构中的文化认同问题论纲》，《山东社会科学》2008 年第 11 期。

到其对社会成员个体精神世界建构与引领应有的现代责任与使命。每个社会都需要利用多元文化的资源，在世界历史的视野中，把握实践中的矛盾和问题，结合自身的历史传统与经验，寻求和确立合理的核心价值观，并对其社会成员进行教育。事实上，"文化是一个不断使人们适应环境的过程，而环境也要求人们以新的方式来理解这个世界并作出回应"①。核心价值观的建构与教育能够促进个体对多元价值观进行批判、整合，对价值之间的冲突加以调解，帮助个体在迷乱的世界中，以一种一以贯之的坚固的信念理解和把握生活，消解价值相对主义和虚无主义，走出精神危机，从而有效地引领人们的精神生活，建构个体的精神家园，使人们在多元价值的喧嚣中安顿自己的心灵，成为一个"有信仰"的人。

二、培养国家认同感和文化软实力

人是社会存在物，社会共同体是人类存在和活动的基本形式。其中，国家是社会共同体的极其重要的形式。黑格尔甚至认为，国家以它至高无上的意志、伦理精神把整个民族凝聚为一个有机的统一体。他说："人只有在社会中，在国家中过普遍性的生活，才能摆脱自然状态，摆脱个别性和主观性。人本身只有成为国家成员才具有客观性和真理性、伦理性。"② 社会共同体作为主体的一种存在形态，有着自己的核心价值观。这种核心价值观是共同体成员在

---

① ［英］C.W.沃特森：《多元文化主义》，吉林人民出版社 2005 年版，第117页。

② ［德］黑格尔：《法哲学原理》，王哲译，北京出版社 2007 年版，第86页。

重大价值问题上的基本共识，是关于国家和社会的，也是为了国家和社会的。凭借这种核心价值观，社会共同体进行自我认同，实现自我确认，回答"我们是谁"的问题，并在其中显现自身的同一性。这种核心价值观是社会共同体的精神自我，是一个民族、一个国家的共同理想、坚定信念和精神支柱，是社会共同体的生命之魂，即我们通常所讲的"国魂"、"民族魂"。

价值观"是一种承认共识并具有证明功能的解释的产物，换言之，是一种能够使统治合法化的世界观的产物"①。通过核心价值观，国家、社会共同体为自身存在的合法性进行论证、解释和宣传，以获得广大民众在内心深处的认同并接受其正当性，使共同体的制度以及由此建构的社会秩序得以维系和巩固。如果共同体的存在仅仅依靠法律的威慑和契约的制衡，而丧失了信仰维度的深层的文化认同，就会行将瓦解。合法性"意味着某种政治秩序被认可的价值"②，指政治制度符合某种价值标准或者价值观念。态度、信念、价值观是强大的生产合法性的力量。国家、社会共同体的合法性正是人们基于特定的价值观对共同体制度和秩序的认同。国家、社会共同体的合理性和合法性论证，也是基于其自身的核心价值观对其制度的价值评价和价值辩护来进行的。这种核心价值观往往表现为意识形态。任何一种意识形态都是围绕价值观展开的论述和阐释的理论，总是试图揭示某种价值内容、价值规范、价值理

---

① ［德］哈贝马斯、卢曼：《社会理论还是社会技术学》，转引自哈贝马斯：《合法化危机》，上海世纪出版社 2009 年版，第 110 页。

② ［德］哈贝马斯：《交往与社会进化》，张博树译，重庆出版社 1989 年版，第 184 页。

解，以及价值实现的条件和手段等。正如格尔茨所说的，思想体系、意识形态是指"文化的那个积极地关注建立并保卫修养与价值模式的部分"，"社会科学还没有发展出一套真正的非价值取向的意识形态概念"①。事实上，无论意识形态表现为所谓的自然法、宗教神学，还是现代理论体系，实质上都是某种特定的价值观。

国家、社会共同体还通过核心价值观教育来塑造和凝聚它的成员，把社会成员紧紧联结在一起，产生一种成员间共享的亲和力和团结感。无疑，国家、社会共同体的存在依赖于其成员之间的交往、合作与共容。共享的核心价值观是一种无形的力量，它在使社会共同体的团结合作方面所起的作用，比任何有形物所起的作用都要大。正如迪尔凯姆所说的："那种共同的忠诚感是潜伏在人们的宗教仪式和信仰中的一种巨大而神奇的力量。"② 为什么核心价值观教育能够产生如此巨大的力量？因为它能为共同体成员提供价值目标、人生理想和坚定的信念，使社会成员在长远利益和根本利益上有共同的寄托和追求，在行动上有共同的方向；提供共同的价值评价标准，共同体成员以它为尺度去量度、评判、裁定现实事物和现象，审视实际生活，其观点、立场、态度就会相互接近或一致，并进而相互理解；提供共同的价值规范，为共同体成员间的复杂交往提供调节手段，从而使整个社会共同体处于一种和谐的秩序之中。③

---

① ［美］克利福德·格尔茨：《文化的解释》，韩莉译，译林出版社1999年版，第276、234页。

② 转引自［美］戴维·波普诺：《社会学》，李强等译，中国人民大学出版社1999年版，第454页。

③ 参见吴向东：《重构现代性：当代社会主义价值观研究》，北京师范大学出版社2009年版，第25—26页。

由此，任何成熟的文化和社会都会对其成员进行核心价值观教育，这不仅是为了将个人引进社会，为个体建构精神家园，而且也是为了使核心价值观真正成为国家、社会共同体成员的基本共识，从而培养个体对国家、社会共同体的文化认同。因为核心价值观只有为社会成员所认可和接受，它才能真正成为共同体的灵魂和主心骨；国家、社会共同体的合理性和合法性辩护才是有效的；国家、社会共同体本身也才会具有真实的凝聚力。中国传统社会正是通过儒家的教化，特别是通过科举制的强制力，使其核心价值观"三纲五常"得到民众的高度认可，从而使民众产生强烈的国家归属感和认同感。在农业时代，封建统治者通过规定科举考试的内容实现意识形态一元化的目标，在工业社会，教育成为国家或公共领域的事情，现代国家无不利用教育这个重要的手段，对人们的思想进行控制，传递特定的意识形态，建立起现代民族国家的价值系统，从而把人们置于社会共同体的同一性要求之下。正如盖尔纳所说的："现代社会秩序的根基不是刽子手，而是教授。国家权力的主要工具和象征，不是断头台，而是（名副其实的）国家博士。如今，对合法教育的垄断，比对合法暴力的垄断更重要，更具有核心意义。"[①]

在多元文化时代，国家、社会认同问题充分凸显。所谓认同问题，就是你认为自己是什么样的人以及你归属于哪个群体的问题。在比较稳定的传统社会里，人们的身份是确定的，"我们是谁"也

---

① ［英］厄内斯特·盖尔纳：《民族与民族主义》，韩红译，中央编译出版社2002年版，第46页。

总是与共同体的传统、文化、历史紧密地联系在一起，并由于其传统、文化的同质性，这种认同感往往成为集体无意识。在全球化与多元文化时代，由封闭的自然经济社会进入到全球市场流通的社会，人们生活在一个充满了差异和流动的环境中。正是这种他者的存在，这种差异和流动，一方面，使人们对自己的文化和价值观产生自觉；另一方面，也在多元价值冲突中产生身份焦虑，不得不思考我们是谁以及我们属于什么群体的问题，即认同问题。如塞缪尔·亨廷顿在《我们是谁?》一书中提出，"美国国家特性面临挑战"，他担心美国人陷入不知"我们是谁"的境地。在全球化与多元文化的时代，国家、民族的认同已经不再是人们被动、消极地依赖自然、历史和传统，全球化压缩了世界的文化空间，信息技术和互联网让各种思想、观念和文化在世界范围内快速流动，人们对共同体和国家"不再是臣民的服从或蒙昧的集体无意识，而往往是人们自主选择的立场。……在一个流动比较容易的世界之中，一个大家自觉认同的国家必定是人们愿意生活于其中的国家。过去，国门关闭，人们没有选择权；可是，现在是全球化时代，人们可以比较鉴别"[1]。因此，文化认同、民族认同和国家认同成为现时代人们必然遭遇的问题。诚如美国学者约瑟夫·奈所言："迅捷而深远的社会、技术和经济变革带来了跨国认同、国家认同和次国家认同的错综交织。这些认同交织在一起，颇具张力。鉴于传播的瞬时性，它们能够促使潜在的紧张关系转化为突然的冲突。"[2]

---

[1]　韩震：《现代性与认同问题思考》，《学习与探索》2004 年第 6 期。

[2]　[美] 约瑟夫·奈：《硬权力与软权力》，门洪华译，北京大学出版社 2005 年版，第 86 页。

在文化多元化与全球化背景中，不仅认同问题充分凸显，价值观、意识形态之争也成为一个显著的现象。尽管全球化进程改变着世界格局的面貌，并重新安排着世界的政治和经济地图，但是国家边界并没有变得越来越没有意义，现代国家仍然是最具权威和组织能力的共同体。在全球化进程中，国家之间不仅存在着利益的一致和文化间的相互学习，而且还存在着利益的冲突和文化价值观的竞争。文化价值观竞争的实质是利益的竞争，任何文化认同的要求，反映的都是权力、利益、欲望、追求的动力和意志。马克思早就看到，文化价值的信仰和实践其实是权力关系的一种文化符码。而今，约瑟夫·奈将文化、价值观视作一种"软权力"。他强调："富有吸引力思想的力量、确定政治议程和决定讨论框架的能力可用于塑造其他人的倾向。影响其他国家预期的能力有可能与文化、意识形态、制度等无形的权力资源相关联。""软性的同化权力与硬性的指挥权力同样重要。如果一个国家可以使其权力被他国视为合法，则它将遭受更少对其所期望的目标的抵制。如果其文化与意识形态有吸引力，其他国家将更愿意追随其后。"[①] 其实，早在 19 世纪，在西方就出现了欧洲中心主义，这种欧洲中心主义并不是一种虚构的哲学态度，而是实现经济、政治日益发展后欧洲人对于权力、利益在全球范围内日益伸张的表现。随着经济全球化进程的加快，20 世纪以来，西方发达国家凭借其发达的经济、强大的军事实力，不断强化其文化价值观在全球范围的影响，将其核心价值观

---

① ［美］约瑟夫·奈：《硬权力与软权力》，门洪华译，北京大学出版社 2005 年版，第 107 页。

作为文化软实力，提到战略的高度。在他们看来，世界上最强大的军队往往会输给故事讲得最好的人。他们利用其主导全球化进程的优势，力图在全球推行自己的价值观，将自己的文化谱写成普世文明，以实现他们控制下的政治、经济一体化和文化的同质化。

针对多元文化背景下认同出现的新问题，以及价值观、意识形态之争，加强核心价值观的建设与教育成为任何一个主权国家的重要战略任务。这不仅关涉到新的时代背景下的主权国家的合法性统治的辩护，国家的凝聚力和认同感的培养，还关涉到国家的文化安全。因此，一些在世界上有着重大影响的国家都把核心价值观的建构与教育作为政府的重要职责，将核心价值观纳入国民教育，使之在全社会普及与强化。英国政府在《选择和多样化》的文件中指出："教育不能也不应是不涉及价值观的……在每个学校的教育政策和实践的中心中应该有一套共同的价值观，这些共同的价值观通过课程，通过对学生和教员行为规范的期望，通过他们之间日常的接触来实现。我们要尽力确保这些价值观被父母和当地社区所认可。"① 2006 年英国负责教育的国务大臣比尔·拉梅尔明确提出，要求所有的学龄少年接受"英国传统价值观"的教育，认为在多种信仰和多元文化并存的英国，要想使国家繁荣昌盛，就必须强调共同的核心价值观教育，凝聚英国人的精神，增强国家认同感。英国教育部还在 2007 年提出了在中小学教授英国传统价值观的具体教育计划，要求 11—16 岁的中小学生学习言论自由、多元文化、

---

① 国家教育发展研究中心：《发达国家教育改革的动向与趋势》第五集，人民教育出版社 1987 年版，第 431 页。

尊重法治等核心价值观。20 世纪 90 年代，美国克林顿总统把以核心价值观为基础的道德教育与人格教育列入施政纲领，规定每年举行一次白宫人格教育会议，拨专款资助 10 所中小学创立青少年"品格教育"的样板。新加坡政府把社会核心价值观的国民教育作为振兴民族的重要手段，自 1967 年起，价值观教育一直作为必修课，在中小学课程中居于重要地位。

相比于西方发达国家，作为发展中国家的中国，面对发达国家施以的文化扩张，加强社会主义核心价值观的建构与教育的任务无疑更为紧迫，对其意义的自觉也更为关键。中国自改革开放以来，随着社会的急剧转型以及利益格局的深刻调整，人们的价值观念也发生了深刻的变化，呈现出多元、多样、多变的特点。经济全球化、以信息技术为核心的现代科学技术的迅猛发展更是强化了多元文化与价值观在同一时空中的激荡与碰撞。无疑，改革的历史进步性决定并确证了人们价值观变化的进步性，同时，价值秩序的变迁中又充满了种种紧张、悖论、冲突甚至混乱，价值相对主义、虚无主义以及核心价值不彰显成为突出的问题。中国共产党在建设中国特色社会主义的过程中，始终关注着这一时代问题，探索社会主义价值体系，力图建构社会主义核心价值观。十六届六中全会的《中共中央关于构建和谐社会若干重大问题的决定》指出："马克思主义指导思想，中国特色社会主义共同理想，以爱国主义为核心的民族精神和以改革创新为核心的时代精神，社会主义荣辱观，构成社会主义核心价值体系的基本内容。"其中，马克思主义处于统领地位，是根本的指导思想；中国特色社会主义共同理想反映了全体中国人民的根本利益和共同愿望，揭示了民族振兴、国家富强、社会和谐、人民幸福的必由之路；以爱国主义为核心的民族精神和以改革开放为核心的时代精神，是中华民族生生不息、薪火相传的精神支撑，是中国人民开拓进取、创造崭新业绩的理论源泉；社会主义荣辱观为全体社会成员判断行为得失、作出道德选择提供了道德标准。2012年11月，党的十八大报告指出："倡导富强、民主、文明、和谐，倡导自由、平等、公正、法治，倡导爱国、敬业、诚信、友善，积极培育和践行社会主义核心价值观。"社会主义核心价值体系和社会主义核心价值观从一个特定方面回答什么是社会主义的问题，它是社会主义的内在精神和生命之魂，是社会主义的精神自我，同时也是社会主义中国的"软实力"和中华民族的"主心骨。

加强社会主义核心价值体系和核心价值观的教育，不仅能够消解人们在多元文化价值冲突中的困惑与茫然，为人们的实践活动提供明确的价值目标和价值评价标准，给予人们安身立命的精神家园；更重要的是，在全球文化价值、意识形态竞争与冲突中，为我们提供了社会主义的自我理解，为全社会提供共同的思想基础、理想信念和道德规范，它是"维系社会健康协调运转的精神纽带、推动社会不断发展的精神动力、指引社会前进方向的精神旗帜"①。因此，把社会主义核心价值体系和核心价值观融入国民教育的全过程，是我们对核心价值观及其教育之意义自觉之后的必然选择。

---

① 韩震：《社会主义核心价值体系是建构和谐社会的精神支柱》，《中国职工教育》2007年第10期。

第三章

教何种价值观——核心价值观教育内容的合理性分析

面对核心价值观教育合法性问题的严肃追问，教育要表达的不仅是一种直面挑战的精神态度，也应当包含着"迎接"困境的实际努力，以建设性的姿态进行核心价值观教育内容、方法和途径的改革创新。因此，在回答了核心价值观教育的必要性之后，在多元文化社会中应该教何种价值观，依据何种原则建立内容体系才是合理的，必然成为我们进一步追思的问题。

核心价值观教育内容的合理性是核心价值观教育合法性的前提之一。雅斯贝尔斯曾说："在我看来，全部教育的关键在于选择完美的教育内容和尽可能使学生之'思'不误入歧途，而是导向事物的本源。"① 核心价值观教育只有确立一套合理的内容谱系和"文化代码"，才能确证自己，理解自己，并表达自己，从而获得

---

① ［德］雅斯贝尔斯：《什么是教育》，邹讲译，生活·读书·新知三联书店1991 年版，第 4 页。

112

认同，形成合法性存在的基础。

在多元文化社会，核心价值观教育内容的合理性有着自身的特性。核心价值观教育是对人的存在意义的澄明，它从人的存在的角度诠释自身的合理性。人的存在是多维度的、总体性的。马克思说："人以一种全面的方式，就是说，作为一个总体的人，占有自己的全面的本质。人对世界的任何一种人的关系——视觉、听觉、嗅觉、味觉、触觉、思维、直观、情感、愿望、活动、爱，——总之，他的个体的一切器官，正像在形式上直接是社会的器官的那些器官一样，是通过自己的对象性关系，即通过自己同对象的关系而对对象的占有，对人的现实的占有；这些器官同对象的关系，是人的现实的实现。"① 人的对象性活动创造了现实的、总体性的人，文化作为"人文化成"也必然是一种总体性的存在。特别是多元文化社会将人的"多维"与"多向"表现得更加充分，这决定作为对人的生命的成全和文化传承重要途径的核心价值观教育，其内容的合理性必然不是片面的合理性，而是一种总体、全面的合理性。

新的合理性范式是一种生命合理性的全面实现。劳丹指出，现代社会的"合理性在于确定最和谐的目标和作出最和谐的选择"②。在多元文化社会中，教育作为思想荟萃的场域总是处于多元文化的矛盾冲突之中，总是在各方的张力关系中寻求平衡与和谐。因此，核心价值观教育的合理性既不排斥理性，也不压制生命的情感欲

---

① 《马克思恩格斯全集》第3卷，人民出版社2002年版，第303页。
② ［美］拉瑞·劳丹：《进步及其问题》，刘新民译，华夏出版社1990年版，第145页。

望；它反对工具理性与价值理性的对峙和分裂，而是致力于二者的协调统一；它既是国家意识形态宣传的重要工具，也以实现人的自由全面发展为终极目标；它既需要"一"的统摄所带来的秩序稳定，也力求发挥"多"的生机与活力；它既遵循社会合理性、历史合理性，又与世俗合理性相结合，兼顾个人、群体具体的生活境遇；它立足于现实，志向于鸿鹄，是平凡生活与超越创新的融合；它是程序合理性与实质合理性的统一……总之，核心价值观教育的合理性价值范式是要还原人的真实存在的全部，以和谐式思维，对片面理性观进行积极的扬弃，建构一套一元引领、多元要素和谐共生的内容谱系。

在实践中，面对价值多元化的社会现实，各国政府都十分重视对核心价值观的凝练和概括，并力求对其内涵进行明晰的界定和阐释，从而凝聚民众、团结人心。比如美国的自由、平等、人权等。英国的"自由、宽容、开放、公正、公平、团结、权利与义务相结合、重视家庭和所有社会群体等核心价值观"①。新加坡的"国家至上、社会为先；家庭为根、社会为本；社会关怀、尊重个人；求同存异、协商共识；种族和谐、宗教宽容"的价值观。香港的"自由民主、人权法治、公平正义、和平仁爱、诚信透明、多元包容、尊重个人、恪守专业"等。我国学界也提出了 60 多种有关社会主义核心价值观的看法与表述，涉及 90 多个具体范畴，如公平、正义、效率、和谐、民主、人本等。2012 年 11 月，党的十八大报告首次用 24 个字，从三个层面，高度概括了社会主义核心价值观：

---

① 《布莱尔任英国首相时的讲话》。

富强、民主、文明、和谐，自由、平等、公正、法治，爱国、敬业、诚信、友善。

作为一般性研究，本书并不讨论某一国家核心价值观教育的具体内容，而是尝试从哲学的角度，在一般意义上提出核心价值观教育内容凝练所依据的基本原则。对这些问题的思考并不直接提供现成的结论性的教育内容，但是它是内容建构的前置性与基础性的工作。

第一节 谁的价值观

伴随着对工具理性霸权的反思，在教育领域，人们由斯宾塞的"科学知识最有价值"，即"什么知识最有价值"的问题，转向思考"谁的知识最有价值"。20 世纪 70 年代以来，越来越多的思想家、教育家意识到教育内容并不是认识论意义上某一学科的专家、权威依据学生的心理特点和认知规律编制的纯技术性文本，其在本质上是一个政治产物。他们从政治学、价值学的新视角转而思考教育内容作为一种官方知识和法定文化其中潜藏的意识形态和社会控制问题——教育内容究竟代表谁的价值观？体现谁的利益？意识形态是否应当属于价值观教育内容的组成部分，特别是在多元民主社会里，以特定阶级的特定意志作为教育内容的合理性在哪里，成为政治、哲学与教育领域热议的问题。

迈克尔·扬、伯恩斯坦、布尔迪厄、阿普尔、弗莱雷、吉鲁等一批学者认为意识形态作为一种文化霸权和控制性话语不应进入教育内容。他们通过《知识与控制》、《教育、文化和社会再生产》、

《文化资本和社会炼金术》、《解放教育学》、《意识形态与课程》、《教育与权力》、《教师与文本》、《官方知识》等一系列的著作，主张要对教育中隐藏的意识形态进行批判反思，揭示教育内容"合理性"背后的"不合理"，"正当性"背后的"不正当"，将意识形态驱逐出教育内容的合理性界域，把教育与人都解放出来。他们从经济、政治、文化与教育相互作用的角度考察教育内容和课程知识的生产机制，指出教育内容确定的过程不是表面看上去的客观科学的纯粹心理学、教育学的问题，政治往往和教育勾结在一起使教育内容具有意识形态负载的性质。法定教育内容的背后都隐藏着某个特定阶级的特定价值观或意识形态的控制，是阶级利益、权力分配、文化争斗及知识生产之间相互作用的结果。迈克尔·扬说："课程是知识的一种系统安排和有目的的安排，它是由意向性的知识组成。通过对孩子们意识转化的控制，它的支持者们设计了在他们的社会中非常有效和流行的理论世界观。"① 统治阶级凭借政治权力，通过对教育内容意向性的选择，将自身的价值观念、意义系统和制度理论合法化。哪些知识可以进入教育都是特定权力的支配，教什么、不教什么、宣扬什么、批评什么都是权力意志的体现。布尔迪厄借助"文化资本"的概念揭示了学校教育如何以合法形式实施"文化专断"和"符号暴力"。统治阶级凭借社会权力将本阶级的价值观设定为教育内容，而将其他阶级的文化价值观排斥在外，这种"霸权课程"以心灵抚慰、生命培育的方式，在看

---

① 〔英〕迈克尔·扬：《知识与控制——教育社会学新探》，谢维和等译，华东师范大学出版社 2002 年版，第 107 页。

似的人文关怀、民主平等中不察觉地完成了意识形态和社会关系的再生产，不平等在无意识中被合法化了，统治的残酷和权力运作的真相悄然地被遮蔽和掩盖了。福柯将视野从宏观的权力统治转向微观权力运行机制的研究，以全新的视角揭示了知识、真理和权力之间的相互关系。他认为科学内容本身就是权力运行的产物，权力孕育、生产、创造知识，知识通过规训和惩戒等手段捍卫权力并传播、扩大、执行、落实权力的影响。人们"屈服于权力来进行真理的生产，而且只能通过真理的生成来行使权力"①。权力与知识相互勾结成为有效社会控制的秘密机制。

当然，也有一大批政治家、思想家和教育家认为意识形态进入教育内容是合理的。列宁、葛兰西明确地指出，教育有责任向社会成员宣扬意识形态，教育活动一定而且必须体现国家的意志。同时，在实践中，几乎所有的国家都在各级各类教育中，不遗余力地宣传统治阶级的价值观。康纳尔指出，"教育政治化"或"教育意识形态化"已成为贯穿20世纪世界教育的三大基本态势之一。②

意识形态是否应当进入教育内容，无论是主张者，还是反对者，都源于一个共同的预设前提就是权力、意识形态、价值观与教育之间存在着密切关系。意识形态是统治阶级的思想体系和价值观念，为统治阶级政治权力的合法性辩护。核心价值观是意识形态的本质，意识形态以核心价值观为导向和内核，不同意识形态之所以

---

① ［法］米歇尔·福柯：《必须保卫社会》，钱翰译，上海人民出版社1999年版，第23页。

② 参见［澳］W.F.康纳尔：《20世纪世界教育史》，孟湘砥等译，湖南教育出版社1991年版，第134页。

能够相互区别，其本质就在于核心价值观的不同。而核心价值观教育作为核心价值观获得认同的主要途径必然与意识形态的合法化内在地连结在一起。

一、权力、意识形态与价值观

意识形态是指一定社会、阶级或集团基于自身利益对特定社会关系形成的完整的思想体系，它属于社会上层建筑的范畴，一般由哲学、政治、法律、道德、宗教、艺术等社会观念、学说和规范构成。意识形态具有鲜明的阶级性、政治性和价值倾向性，总是表现出强烈的为统治阶级的政治统治服务的社会功能。

意识形态是政治权力合法性的解释系统。意识形态能够唤起被统治者对既有规则和秩序的合法性信仰。诺思说："占支配地位的意识形态旨在使人们相信现存的规则与正义是共存的"。[①] 任何一个政党在执政以后，总是利用意识形态的社会功能来为自己服务，都要通过维护和宣传意识形态，来说明和论证执政的合法性。意识形态作为一种思想观念还具有同化大众意识的社会整合功能，它是政治权力合法化过程中的统一性思想，具有精神凝聚的作用，它可以把分散的、异质的、多元化的不同社会群体利益整合为一个统一的有机整体。葛兰西指出："一个政党要争取意识形态的领导权而成为一个'历史集团'，从而使社会成为一个统一体，所以'在保

---

① ［美］道格拉斯·C.诺思：《经济史中的结构与变迁》，陈郁等译，生活·读书·新知三联书店、上海人民出版社 1994 年版，第 7 页。

持整个社会集团的意识形态上的统一中，意识形态起到团结统一的水泥作用。"① 意识形态是一种重要的社会熔合剂，以一种认同而非强制的方式将社会成员捆绑在一起，这种社会整合功能对于实现政治权力的合法性，统一社会成员的意识以及引导大众行为发挥着十分重要的作用。

意识形态的内核是价值观。从意识形态的内部结构来看，意识形态包含着三个不可缺少的层面——知识层面、价值层面和实施层面。价值观是知识理论的基本精神，没有了价值观，知识就没有了核心与灵魂。价值观是意识形态实施层面的内在依据，它指明实施行为的方向，也是衡量实施结果的标准。任何意识形态都是以价值观作为内在逻辑展开的，都意在阐明某种价值目标、价值理解和意欲取向。哲学、宗教、政治、法律、艺术等不同的意识形态都在以不同的方式揭示、实现和创造某种意义，表达某种价值与信仰。李德顺明确地指出："价值观念与意识形态之间有本质的一致性。一般说来，阶级、政党、国家的价值观念，就是它们的意识形态，二者本质上是一回事。因为任何一个社会意识形态体系的核心，实质上就是一定主体的价值观念体系。"② 可见，核心价值观是意识形态的本质，它规定着意识形态的内在精神和品格。

作为意识形态本质的核心价值观与政权之间存在着密切的关系。价值观构成权力的基本精神，权力是价值观的外在表现。

一方面，权力对价值观有着很强的依附关系。价值观为权力提

① 转引自宋惠明：《当代意识形态研究》，中共中央党校出版社 1993 年版，第25 页。

② 李德顺：《关于价值与核心价值》，《学术研究》2007 年第 12 期。

供义理性根据。每种政体都建立在一定的价值体系之上。任何权力的行使都是价值观指导下的自觉行动。价值观是一定阶级或集团政治制度设计的核心理念，代表着他们追求的政治理想，表达政权意识形态的目的性诉求，指明政治制度的基本原则，是实践中政治决策的基础和指针。价值观构成权力的内在精神和品格。因此，在本质上讲，谁掌握了价值观，谁才能掌握权力，而不是相反。价值观是权力存在和行使的基础与归宿。

价值观为政治权力的合法性作出辩护。任何政权都面临着维护政治系统的稳定，使之不至于崩溃的任务，即合法性问题。哈贝马斯强调权力的合法性不是依赖于武力和法律，而是由价值认同为现存秩序提供支持，为现实政权作出合理性证明，证明权力的存在、分配和使用是合理的，证明国家统一意志的推行和实施是必要的和天经地义的。为了维护政治体系自身的生存，必须创立一种阐述明确的，可以调和个人、群体之间摩擦的价值规范体系。作为意识形态的价值观就是这样一套能够证明现有的社会秩序合法性的有说服力的解释系统，去说明和论证权力是否具有价值，具有何种价值。当多数人能够接受、认可政权的价值体系时，政治权力就具有了合法性。

另一方面，价值观也离不开权力。权力是价值观存在和发展的根本保证。权力可以把价值观从一种思想体系、理论构想转化为一种官方的法定知识、社会中统一的制度要求、国家推行的公共政策或实践中必须遵守的规范体系。蒋庆说："如果一种文化只在人的生命深处体现出天道性理而不能将此天道性理化为具体的文物典章制度，即不能在具体的文物典章制度中体现出天道性理的价值，这种文化就是残缺不全的文化，这种残缺不全的文化最后会因为得不到文物典章制度的滋养而衰萎死亡。"① 如果价值观不能获得政治的支持，其话语不能在政治制度和政治决策中被表达出来，便是一种"残缺不全"，便会衰萎死亡。

二、核心价值观教育——意识形态的负载活动

在意识形态的合法化过程中，教育到底充当什么角色，发挥怎样的功能？意识形态的合法性是通过一系列的机构与机制完成的。意识形态的合法化有多种方式，比如宗教、教育、法律、党派、工会、文学、艺术等，但是最有效的方式就是进入教育领域。阿尔都塞做过一个形象的比喻，将各种意识形态的机器比作一场音乐会，"在这一音乐会中，有一种意识形态国家机器确实起主导作用，……这个机器就是学校"②。合法性不是来自于强制，而是来自于人们内心对现有制度和秩序的自觉认同，教育是获得认同与承认的最佳途径。某种价值观进入教育，就自然获得了传播的权利，保证了自身的话语权。所以，任何统治阶级历来都十分重视运用政治权力控制教育的内容，把本阶级的意识形态纳入教育体系中，变成法定的知识"洗礼"人们的思想。

权力与教育具有内在联系。任何一种政体的维系都需要有相应的教育体系为之提供支持，教育内容从来不可能是价值中立的，不存在不渗透权力的教育内容，这是由教育本身公共产品的属性及其

---

① 蒋庆：《政治儒学》，生活·读书·新知三联书店 2003 年版，第 12 页。
② 转引自［斯洛文尼亚］斯拉沃热·齐泽克等：《图绘意识形态》，方杰译，南京大学出版社 2002 年版，第 155 页。

与社会政治、经济、文化的关系所决定的。马克思深刻地指出，精神生产是从统治阶级的利益出发，并受统治阶级所确立的意识形态的影响和制约。吉罗克斯也说："教育部分的是权力、语言和实践的技术，它产生和证实道德和政治规则的形式，建构着人类对自我和世界的特殊见解。这样的见解从来不是洁白无瑕的，它们总是被隐含在伦理和权力的话语和关系中。"① 在整个社会结构中，教育总是被政治、经济、文化所支配和控制。教育不可能遨游于政治之外，政治权力必然内嵌于教育之中，任何政治总是不遗余力地将自己倡导的价值观和信仰印刻在教育内容的字句中，通过教育者充满人文关怀的教育行为和学校严格的纪律规范贯彻下去。孟子说："善政不如善教之得民也"。政治的根本在于得民心，只有得民心才能"王天下"，要得民心，最重要的途径就是教育。我国传统社会建构了一整套完备的以维护政治统治为目的、以儒家思想为内容、以科举考试为重要机制的政治价值观社会化的教育体系，教育天然地与权力结合在一起，保证教育言说的是权力的话语，表达的是权力的心声。在多元文化社会里，各种权力和利益都想在文化教育中占有一席之地，力图使自身具有合法性，统治阶级必然要通过对教育内容的规定，在博弈中抓住文化的主导权和控制权。在这个意义上讲，教育是一项"社会政治工程"②。

核心价值观教育的职能决定其是实现意识形态认同的主要途

---

① ［美］亨利·A.吉罗克斯：《跨越边界——文化工作者与教育政治学》，刘慧珍等译，华东师范大学出版社 2002 年版，第 96 页。

② Wiel Veugelers. *Different Ways of Teaching Values*.Educational Review，February 1. 2000.Vol.52.Issue 1.

径。"意识形态服务于权力的意义"①，核心价值观教育是培育、支持和复制这种社会秩序意义系统的载体，在青年一代中不断地复制、塑造出统治阶级所期望的价值观念、信仰体系和行为态度。从受教育者的角度看，核心价值观教育是人的政治社会化的一个重要方面。"一个人只有通过教化与一种意识形态认同，才可能被以这种意识形态为主导思想的社会认同。"② 任何一个人不接受意识形态的教化就不可能在社会中生存。意识形态是一个人进入社会生活的许可证，任何企图逃避意识形态教育的人都不可能成为真正意义上的社会人，理解意识形态是人们在一定社会中进行实践活动的前提。从教育者的角度看，意识形态要想最大限度地实现社会化，转变成现实的社会力量，也必须去掌握最广大的民众。马克思曾说："理论一经掌握群众，也会变成物质力量。"③ 所以，统治阶级除了制定政策、建设军队、发展外交等任务，还要兼具意识形态教育者的身份，通过教育使大众树立符合其意志的核心价值观，排斥和否定违背其价值取向的思想观念，"把广大居民群众提高到符合统治阶级利益的一定的文化和道德水平"④。因此，技术再生产只是劳动力再生产的一个方面，对既有价值秩序的再生产才是更为核心和主要的内容。总之，核心价值观教育与社会权力结构之间保持了高度的同构性，这种打上官方烙印的教育内容必然体现出鲜明的意识

---

① ［英］约翰·B.汤普森：《意识形态与现代文化》，高铦等译，译林出版社 2005 年版，第 7 页。

② 俞吾金：《意识形态论》，人民出版社 2009 年版，第 130 页。

③ 《马克思恩格斯选集》第 1 卷，人民出版社 1995 年版，第 9 页。

④ ［意］安东尼奥·葛兰西：《狱中札记》，曹雷雨等译，中国社会科学出版社 2000 年版，第 217 页。

形态性。

核心价值观教育的特点决定其是意识形态社会化的重要手段。由于统治阶级的重视，在实践中核心价值观教育具有系统化、正规化、组织化和制度化的特点，其影响具有广泛性和深刻性。从阶段上看，核心价值观教育具备一整套从低年级至成人的详尽的逐步深化的教育内容安排，能够有步骤、分层次、循序渐进地传播统治阶级的价值观。从内容范围看，核心价值观教育内容从思想观念、价值信仰、国家政策、社会舆论、教育实践到个人行为规范等一系列环节，形成一个完整的意识形态再生产的教化模式和体系。

核心价值观教育进行意识形态再生产的机制更容易被社会成员接受。核心价值观教育作为一种话语传播方式，可以遮掩权力的强硬、残酷的面目。首先，相比于政府、军队、警察等强制性国家机器，价值观教育显得温和、柔美和崇高，它给人以深度、尊严和高尚的感觉。充满人文关怀的表达方式在一定程度上隐藏了权力的强制性，更容易在润物细无声中使民众中对权力的合法性产生信任。这种政治控制方式相比于直接的强制手段不仅避免了暴力威慑和镇压给人心理造成的束缚感和痛苦感，反而使人置身于人生价值追求的意义感和充实感中。其次，教育常常被认为是科学、真理和智慧的象征，可以披着真理的外衣传播权力，打着科学的旗号执行权力，让真理言说权力，权力以真理的名义施行。权威有政治权威、理性权威和个人权威三种形式。以核心价值观教育的方式进行意识形态的传播，可以在一定程度上遮蔽其政治控制的形象，而彰显理性权威的魅力。

此外，还有一个问题需要指出，相当一部分反对意识形态进入

124

教育内容的人是混淆了国家政权、意识形态本身的合理性与教育作为意识形态国家机器的合理性。这是两个不同的问题，一个是意义系统本身的合理性问题，一个意义系统服务于权力系统的方式的合理性问题。意识形态进入教育内容并不必然意味着"压迫"，也可能意味着"解放"。如果其意义系统的价值取向体现了大众的普遍利益，代表了社会进步的方向，同时有助于个体生命的丰满与精神的充实，促进了个人与社会的和谐统一，这样的意识形态所宣扬的核心价值观就是合理的，是合目的性与合规律性的表达。

政治统治的现实需要与核心价值观教育自身的特点决定意识形态进入教育内容具有合理性。在实践中，这也是当今世界任何一个国家、任何一个政党的共同选择，泰勒在《价值教育在欧洲：1993 年 26 国的比较调查概况》一书中，对欧洲 26 国教育的考察表明，这些国家都十分重视意识形态教育。

当然，承认意识形态属于核心价值观教育的合理内容之一，并不意味着核心价值观教育的全部内容仅仅是意识形态。核心价值观教育的内容除了意识形态之外，还包括其他丰富而广泛的非意识形态的领域。

三、核心价值观教育的意识形态性和非意识形态性

核心价值观教育内容具有意识形态性和非意识形态性的双重特性。核心价值观教育内容的意识形态性，主要指它的"政治性"和"阶级性"。在阶级社会中，核心价值观教育作为一定时代的社

会共同体的教养方式，服务于统治阶级的意义再生产，被注入了政治和阶级的旨趣，必然渗透着意识形态的成分。核心价值观教育还具有非意识形态性，核心价值观教育作为一种"育人"的"灵魂工程"，除了传递统治阶级的政治选择和价值期许外，它还具有更高远的意义，核心价值观教育追求的最终目的是人的解放，实现人的自由全面发展。在本质上价值观是关于人的存在意义的根本观点和根本看法。人的自由全面发展是核心价值观教育内容的最高指向和最高目标。核心价值观教育要给予个体生活以信仰和根基，催生人的生命自由、全面、和谐的生成和发展，挖掘和体悟人的存在意义。人的需要和发展的全面性决定核心价值观教育的内容结构有着广阔的领域，除了政治价值观外，还有经济价值观、生活价值观、人生价值观等多重领域。从这一角度看，核心价值观教育的内容既包含着功利性、阶级性的意识形态性，也包含着广泛的非政治性、非阶级性的"社会性"的价值观念的习得。意识形态性赋予了教育现实性、控制性的特征，非意识形态性则展现了教育理想性、自主性的维度。核心价值观教育是在意识形态性与非意识形态性共同作用下展开的，二者不是非此即彼的相互排斥，而是德里达的"即是……又是……"的"增补逻辑"。真正的核心价值观教育是这两个方面的工作的统一与平衡，它既存在满足阶级统治与社会需求的一面，也诉诸人的全面发展的终极目标；既要实现教育的工具性价值，也追求它的目的性价值。

国家政治统治与个体发展本应是统一的，但是由于各自的视域不同，二者也存在着分裂的可能。意识形态教育作为国家价值观的传承，其内容着眼于国家与社会的整体秩序和总体性纲领，宏大的视野相比于个体具有超越性，但同时居高临下的视角也潜藏着漠视个体精神独立和自由权利的危险。于是，个体生命的意义常常被消退、淹没在宏大的秩序中，走上一条被奴役的道路。国家主义教育就是典型的表现，国家主义教育观认为个人本身的发展并不是教育的最终目的，相反，个人的个性、自由和价值，只有当他成为国家的成员时，才有意义。比如黑格尔在《法哲学原理》中强调：国家是理性的最高形式，"成为国家的成员是单个人的最高义务"①。国家主义教育观片面地强调核心价值观教育的政治功能，试图实现意识形态对所有内容的全面控制与操纵，形成一种独占式的，不能容纳其他层次和其他方面的合理价值的内容体系。这样做不仅窄化了教育内容，以偏赅全，而且过于强调权力，让思想观念、价值信仰完全服从于政治逻辑，核心价值观教育就会失去自身反思与超越的品质，失去自身精神教化和终极关怀的真意。可见，意识形态教育如果盲目地扩大自己的地盘，越出合理的界限，就会形成一种对人性的压迫和侵略。

核心价值观教育的意识形态性要服从、服务于人的全面自由发展的最高目标，而不是与其相悖。如果意识形态不是促进，而是限制、阻碍了人的全面自由发展，就意味着越出了合理的界限。核心价值观教育在本质上是对人的生命的成全。"教育说到底是一种彻底人性化的事业，离开了作为教育活动主体的人，教育就什么都不是。"② 核心价值观教育的内容必须立足于人的发展，又为

---

① ［德］黑格尔：《法哲学原理》范杨等译，商务印书馆1961年版，第253页。
② ［德］雅斯贝尔斯：《什么是教育》，邹进译，三联书店1991年版，第30页。

了人的发展，以人的发展为归宿，饱含着对人的真切呵护和终极关怀，这是核心价值观教育的本质要求。人是社会、国家的主体，任何一个阶级、任何一种社会制度要想得到大众的支持，获得合法性，说到底都必须为了人的自由全面发展，筹划"个人"的发展，国家的阶级统治才能获得自身的合法性。洪堡关于大学教育的理念值得我们借鉴，"就总体而言，国家绝不能要求大学直接地和完全地为国家服务，而应当坚信，只要大学达到了自己的最终目标，它就实现了，而且是在更高的层次上实现了国家的目标"①。如果核心价值观教育只是国家政治的附庸，对权力俯首帖耳、惟命是从，也很难给国家和社会的发展带来实质性的进步，从长远看，教育本真的任务实现了，国家、社会才会更好。

真正的核心价值观教育的内容在本质上能够做到社会价值观与个人价值观的辩证统一、意识形态性与非意识形态性的相互协调。因为，核心价值观是关于价值和价值关系的普遍原则和根据，其本身是对不同主体（类、群体、个人）、不同领域（政治、经济、文化、社会等）、不同层次、不同事物的价值观念的抽象概括，所以，核心价值观教育中的个人不是原子式的个人，不是与国家、社会相对峙的孤立个体，而是与社会整体相连的个人。相应地，核心价值观内容中的国家、社会、统治集团的意志，也不是与个体对抗意义上的存在。同时，核心价值观教育的内容不仅是对政治领域的基本精神的概括，也是对全面生活的凝

---

① ［德］威廉·冯·洪堡：《论柏林高等学术机构的内部和外部组织》，陈洪捷译，《高等教育论坛》1987 年第 1 期。

练。合理的核心价值观教育的内容能够将"国家意志"同"人的发展"、"人的解放"联系在一起，使双方相互确证、相互促进、相辅相成。在维护统治秩序与保障个体精神自由的双重欲求中，实现个人与社会的双向发展和双向创造的和谐共生关系，使教育培养出来的人，既成为社会的人，也是具有独特个性和完整人格的人。

第二节　实践与生活世界

当年做教师的我曾经听过一节公开课，授课的是一位在中学领域颇有影响的老师，那节课的内容是爱国主义。整个一节课她以邱少云的事迹为主线展开，十分动情地描绘了当烈火在邱少云身上燃烧时，他的行为表现和内心活动。课堂上老师充满了感情，甚至在讲到邱少云为了国家利益不惜牺牲个人生命的伟大精神时眼里都充盈了泪水。这本应该是一节成功的授课，但是课后对学生们的反馈调查却让大家吃惊。班上竟然有47%的学生认为老师所举的事例不当，教育内容缺乏吸引力。他们说邱少云的例子从小就在学，到高中学了不下十几遍，希望老师能不能结合当代沸腾的社会生活中一些有意思的叙事展开，或者让学生们谈谈他们在生活中对爱国的所感所悟以及经历的事情。

从根本上讲，核心价值观教育内容的合理性不是一个理论问题，而是一个实践问题。杜威曾在《我的教育信条》中指出："道德教育的核心是把学校理解为一种社会生活方式……教育在它最广的意义上就是生活的社会延续"①。生活是核心价值观教育内容生发的土壤，生活中蕴藏着最真实、最生动、最丰富的价值观教育的内容。一切价值标准和价值规范只有放在一定的生活背景中，付诸于人类的生活实践，才能够被理解和把握。所以，现实生活是核心价值观教育内容的起点与终点，教育内容的合理性问题只有回归到生活中才能得到诠释。如果偏离了生活的根基，将其置于现实生活之外，必将导致对教育内容的误写，使其遁入抽象的、纯粹观念的迷障中，失去合理性的基础。

一、教育对生活世界的遗忘

1. 历史上的分离

现实生活是核心价值观教育内容的源泉，核心价值观教育的内容与生活世界本是融为一体的，但是追溯历史的足迹，我们发现长期以来生活世界成为教育内容遗忘的角落。早在古希腊罗马时期，道德教育的内容就出现了排斥现实生活的倾向。柏拉图认为"现实世界"是不可靠的，它繁杂、模糊、混乱，"理念世界"则真实、永恒、可靠、值得信赖，"现实世界"不过是"理念世界"的映像和影子。所以，道德和善都不存在于现实生活中，而是源于"理念世界"，道德教育就是对善的理念的回忆。

在中世纪，宗教完全控制了教育的内容体系。它以神学特有的

---

① ［美］杜威：《民主主义与教育》，王承绪译，人民教育出版社 2001 年版，第 7 页。

对世界的把握方式建构人的意义世界，以对神圣超验力量的崇拜树立人生的信条，所有对生活问题的探讨都止于对神的虔诚信仰和顶礼膜拜中。人在现实生活中的种种欲望和实际需要都作为恶加以禁止和革除。宗教价值观使教育的内容走向了真实生活的反面，通过对现实生活的否定，对人的真实生命的压抑，获得虚幻的精神庇护。

近代以来，启蒙运动宣布了"上帝之死"，价值世界由神转向人，人的理性成为一切事物的唯一裁定者。虽然理性主义肯定了人的价值和意义，但是对理性的过分偏执遮蔽了人的全貌，进而遮蔽了教育的全貌。启蒙思想家坚信用理性塑造人的心灵就能获得真理，实现自身的解放。然而这种理性是脱离生活的抽象自足的存在。康德的道德律令就是如此，康德认为道德律令作为最高的普遍性道德准则，其"约束性的根据既不能在人类本性中寻找，也不能在他所处的世界环境中寻找，而是完全要在先天的纯粹理性的概念中去寻找"[1]。脱离具体事实和生活根基的理性主义如同在沙面上建筑大厦极不坚实，只能陷入纯粹的抽象主义之中，凌驾于生活之上的绝对理性只能是非理性的。诚如怀海特所言："真正的理性主义便必须经常超越自身，回复到具体事实以求得灵感。自给自足的理性主义实际上就是反理性主义。这是在某一套抽象概念上武断地停住了。"[2] 理性主义将理性视为人的本质和教育的全部，教育

---

① ［德］康德：《道德形而上学原理》，苗力田译，上海人民出版社1986年版，第37页。

② ［英］A.N.怀海特：《科学与近代世界》，何钦译，商务印书馆1959年版，第192页。

内容就陷入了脱离生活的知识化、抽象化和观念化的误区。

中国传统道德教育内容的建构理路，在一定程度上也是脱离生活的。天道是最高的道德，天命不可违，人要服从于天道，顺乎天道，效法天道。"人之所以为人者，以其有天理也。"① 此外，中国传统哲学的人性论也体现出一种脱离生活的先验道德的倾向。孟子的"人无有不善，水无有不下"，荀子的"人之性恶，其善者伪也"，使教育过程成为对人先天固有之善的发掘和体认或对人先天之恶的惩罚。②

2. 现实的危机

不仅从历史演变的逻辑中可以发现教育内容与生活相分离的倾向，当代教育的现实状况更显示出这种分离的危机，这主要表现在教育内容的过度"知识化"、"理想化"和"成人化"三个方面。

教育内容的"知识化"，就是将核心价值观教育的内容等同于自然科学教育，把价值观念、价值标准和价值规范当作科学教育中的概念、原理和公式加以客观地描述，强调知识的背诵和记忆，甚至要求学生形成某些价值行为时，也都演化为机械的服从和刻板的训练。重视认知在核心价值观教育中的价值，其合理性是毫无疑问的，这是价值观教育内容的必要组成部分。但是如果仅仅把知识、思辨和逻辑当作教育内容的全部，把精神的自由、完善和发展等同于认知能力的提高，忽视了教育的价值维度、人文精神，就会在根本上迷失自我，丢弃核心价值观教育对人的意义世界探寻的本性。

---

① 粹言：人物篇。
② 参见唐汉卫：《生活道德教育论》，教育科学出版社 2005 年版，第 39 页。

教育内容的过度"理想化"，是指核心价值观教育内容为了强调正面的导向作用，记载的都是一些宏大的叙事、崇高的道理、义正词严的口号和遥远的社会理想，这些内容由于拔得太高、讲得太远，让教育者难以理解，无法吸收，更谈不上内化为信念、转化为行动。净化式的教育内容是在现实生活之外，以"应然"的思维方式，描绘了一个至善至美的纯净世界。它只关注教育超越现实的理想性，而忽略了当下生活的复杂性和人们情趣和需要的多样性。停留在乌托邦构想中的崇高理想和对普通人"圣人化"的要求中，与生活现实和思想现实形成了巨大的反差，这使人们的心理和人格产生一定的分裂，从内心中反感教育的虚伪和不切实际。核心价值观教育的内容作为生命的体悟只能生发于真实的生活中，善的、美的话语体系如果不与"真"联结在一起只能被当作"幻象"加以祛除。

教育内容的"成人化"，是指按照成人的价值标准和价值规范来编制价值观教育内容。夸美纽斯在《大教学论》一书中指出："教育是生活的预备。"[1] 斯宾塞也认为："为我们完美生活做好准备，乃是教育所应完成的功能。"[2] 在这些思想的影响下，教育内容的编写思路不是体现儿童当下的生活需要，而是一味地面向未来。蒙台梭利指出："由于所要达到的目的主要是儿童应该知道如何模仿成年人，……儿童不过是'一个未来的存在'、他不被看作一个'在生长'的人，因此，在他达到成为一个人的阶段以前，

---

① ［捷］夸美纽斯：《大教学论》，傅任敢译，教育科学出版社 1999 年版，第 49 页。

② 张焕庭：《西方资产阶级教育论著作》，人民教育出版社 1979 年版，第 419 页。

它是无甚价值的。"① 时间是生活的一个重要维度，人依照时间展开自己的生命历程，生命中的每一个阶段、每一个时期都有其不可取代的意义和价值。以一种属于未来的生活模式要求儿童现在就这样想、这样做，按照成年人的价值理解和行为方式去生活，儿童这个年龄阶段特有的、当下的生活世界就被撇在教育内容之外。

核心价值观教育的内容应该以受教育者过有意义、有价值的生活为目的，而教育内容的过度知识化、理想化和成人化倾向，不仅不能促进人的生活的幸福和完满，相反，与人的现实生活形成对峙，造成人和人的生活的异化。

二、核心价值观教育：生活实践的诠释

马克思说："人们的存在就是他们的现实生活过程。"② 生活是人的存在方式。核心价值观教育的使命在于探索人生的存在意义和价值，使受教育者的生活更加完满。因此，核心价值观教育的内容与人的生活之间不是外在、分离、断裂的关系，而是一种相互生发、内在统一的关系。核心价值观教育的内容来源于生活，存在于生活之中，为了生活服务。生活世界是核心价值观教育内容合理性的坚实基础。

首先，核心价值观教育的内容源于生活。核心价值观教育的内容不是人们对先天的抽象的善的理念的回忆，不是来自于什么神秘

---

① 王承绪、赵祥麟编译：《西方现代教育论著选》，人民教育出版社 2001 年版，第 93 页。

② 《马克思恩格斯选集》第 1 卷，人民出版社 1995 年版，第 72 页。

超验的力量在冥冥之中给予的启示，也不是纯粹抽象的理性构想。生活是教育内容产生的基础，生活世界是核心价值观教育内容生成的源泉。

价值观作为社会意识的重要内容，是社会存在在观念上的反映，归根到底是对社会物质生活过程和条件的反映。马克思批评了黑格尔将全部历史看作是绝对精神的生产史，把绝对精神当成历史的本质和发展动力的观点。他认为，观念和思想是从现实生活中抽象出来的，"不是意识决定生活，而是生活决定意识"①。所有精神产品包括核心价值观教育内容在内，都不是纯粹的思想产品，而是现实生活中的物质需要和物质利益的反映。作为一种意识，价值观教育的内容不能仅仅"仰望头上的星空"和关注"内心抽象的道德律"，而是要走一条从"地上"到"天上"的生产道路，从现实的、具体的物质生活状况生发出来。只有建立在现实的物质生活的基础上，价值观教育的内容才能实现客观的生活世界和能动的精神世界的辩证统一。

不仅如此，除了一定的物质生活方式，价值观还源于社会交往。交往关系是社会生活的本质关系。人是关系性的存在，在人与人的交往中，人意识到自我的存在，开始探求生命的意义，也正是因为人与人之间关系的存在，才会有协调人们之间观念和行为的价值标准和价值规范。从历时性看，核心价值观教育作为历史文化传承的重要手段，体现着前一代人与后一代人的文化交往；从共时性看，价值观教育的过程体现着个人与他人、群体、社会之间的交

① 《马克思恩格斯选集》第 1 卷，人民出版社 1995 年版，第 73 页。

往。人与人之间社会交往活动衍生出了丰富的教育内容。

其次，核心价值观教育的内容存在于生活之中。存在于生活之中，正如杜威所指出的，不是"钱在衣袋之中"或"油漆在铁桶之中"，它不是空间上的"被置于"的关系，而是指核心价值观教育的内容与生活过程具有同构性，教育内容不可能存在于生活世界之外，它就存在于现实的生活情境中，而且也只能通过人的生活实践才能把握、理解并得以实现。

存在于生活之中，可以从教育内容的存在方式和实现方式两个方面来理解。从存在方式看，核心价值观教育的内容与生活过程交融在一起，无法分离。生活世界旨在追问"存在的意义"，核心价值观教育的本质就是人对生存意义的深刻体悟和感受，真、善、美的教育内容本身就是人对生活世界以及在生活中的生命自我所持有的一种把握方式。核心价值观教育的内容是对生生不息的生活世界的凝练，生活世界是核心价值观教育存在的空间，生活中孕育着核心价值观教育内容的真实生动和有血有肉的表达，用生活来阐释教育内容才能赋予价值观以真实的内涵。生活之外不存在价值标准和价值规范。离开了生活，纯粹理性的抽象空洞的意义世界就会成为不可思议的东西。在一定意义上讲，生活本身就是教育，教育也是一种特殊的生活，二者相互存在于对方之中。

从实现方式看，核心价值观教育包含着生活实践的维度。核心价值观教育的内容不仅是价值观念本身的澄明，还具有突出的实践特征。核心价值观教育的内容一方面包含着对生活的价值理解，为人们的生活提供价值评价的标准，告诉人们在生活中什么是有价值的、什么是没有价值的，什么价值大、什么价值小。同时，教育内容不能停留于认知，而要指向实践，要为人们的实践活动提供指南和方向，指引受教育者追求有价值的东西，去做应该做的事情。在根本上讲，真正的核心价值观教育不是闷头进行的个人沉思，而在于在生活经历中对何者为善、何者为恶形成自身的判断和理解，并转化为一种生活中的行事方式，落实为一系列的创造生活的活动。因此，在认识、理解等智能活动之外，核心价值观教育的内容必须要融入实践，引导学生在实践中体悟和思考。

最后，核心价值观教育内容编写的宗旨必须是为了生活。为了生活是指核心价值观教育的目的在于满足生活的需要，使人们的生活变得更加美好，过一种更有价值、更有意义的生活。从核心价值观教育与生活的相互关系来看，生活更具有本源性的意义，也就是生活以自身为目的，它不再以其他事物为目的，相反，其他事物都以生活为目的，生活就是对道德教育目标的最高概括。[①] 生活是人的存在形式，因此，"人是目的"能够推演出"生活是目的"的论断。因此，核心价值观教育本身并不是目的，不是为了教育而教育，不能把教育凌驾于人的生活之上。教育是通向美好生活的手段，是为了改善人的生活状态，提升人的生命价值的途径，而不是相反，不能让人的丰富鲜活的生活为了某种抽象的价值观而存在。这正是弗兰克纳指出的："道德是为了人而产生，但不能说人是为了体现道德而生存。"[②] 核心价值观教育要实现的目标是培养真正受过教育的人，"真正受过教育的人应该是一个最有活力的人，用

---

① 参见唐汉卫：《生活道德教育论》，教育科学出版社 2005 年版，第 134 页。
② ［美］威廉·K.弗兰克纳：《善的求索——道德哲学导论》，黄合伟译，辽宁人民出版社 1987 年版，第 247 页。

自己的全部热情去追求他所选择的生活，并全力以赴地投入到他的生活规划及其包含的各项具体内容中去。"①

生活是核心价值观教育内容建立的基础、存在方式和最终目的。回归生活的教育内容才是正本清源的合理表达，才具有真实的合理性。

三、基于生活的"合理性"

回归生活要求核心价值观教育的内容在建构时必须具备整全的合理性、相对的合理性和生成的合理性，只有符合这些要求的内容才是合理的。

整全的合理性。生活世界是一个全面的、综合性的世界，它是物质生活与精神生活、个人生活与公共生活、日常生活与非日常生活、现实生活与理想生活、理性因素与非理性因素以及人与自然、世界等多层次、多方面内容相统一的整体世界。核心价值观教育的内容蕴藏于具有高度综合性、统一性的生活之中，生活的完整性、全面性决定不能仅仅把生活的某一方面、某一片段、某一局部设定为教育内容，进行片面的简化或任意的取舍。比如将核心价值观教育的内容简化为某种抽象的理性观念而丢弃非理性的因素，或者只进行某种政治表达，而忽视个体的心理特点，这样做势必会造成对生活世界的肢解。核心价值观教育的内容应该指向全面、宽广、浑

---

① ［英］约翰·怀特：《再论教育目的》，李永宏等译，教育科学出版社1997年版，第138页。

厚的生活，将生活的丰富性和复杂性完整地呈现出来，体现对社会生活的诸多领域的关照，涉及知情意行等多种要素，对人产生的综合性、全方位的影响。因此，只有回归生活才能整全地表达教育的内容。

相对的合理性。源于生活的教育内容不仅具有对社会生活中普遍性价值概括的绝对合理性，也具有与个人具体生活境遇相联系的相对合理性，是绝对性与相对性的统一。从相对合理性来看，现实的个人不是形而上学意义上的抽象主体，他们都是处在特定生存境遇中的具体的、有限的存在，这出现了特定主体在特定生活背景下的合理性问题。罗尔斯曾经提出"合理性"优先于"善"的原则。"善"代表社会上人们对事物持有的具有普遍性的价值判断和价值评价标准，这种抽象的、一般化的普遍原则关于生活的筹划和设计只有对一个人来说是合理的，即能够被处于特定生活中的人所理解并获得其支持和认同，才能说这样的价值原则和价值标准是"善"的。这就是罗尔斯所说的："合理计划是善定义的基础，因为一项合理的生活计划是使和一个具体个人相关的所有价值判断形成并最终变得一致的基本观点。"① 比如，儿童期的核心价值观教育不能用成人的教育内容来代替。成人化的教育内容体现了善的基本原则和要求，但是它没有顾及儿童这个特殊群体的思维特点，以及儿童当下生活的单纯性、相对肤浅、不系统和不完备性。针对特定主体的特定生活的相对合理性是基于生活的教育内容的应有之义。

生成的合理性。核心价值观教育的内容以现实生活为基础，但又不止于生活。核心价值观教育的内容立足于现实生活，引导人们

① John Rawls.*A Theory of Justice*.Belknap Press.1971.p.407.

感受生活、体验生活、理解生活。同时核心价值观教育本身还具有一种批判和超越的维度，引导人们不断地改变现实生活，创造一种可能的完满生活。因此，核心价值观教育的内容是当下性与可能性、现实性与超越性的有机统一，内含着一种生成的合理性。

核心价值观教育内容的现实与超越的双重维度是由人的存在的双重性决定的。一方面，人是现实性的存在。受制于现实生活，处在具体生活境遇和特定历史中的人是一个有限的存在。另一方面，人是一种可能性的存在。人具有未完成性，是一件永远不可能完成的作品，永远在面向未来的途中。赫舍尔说："人的存在之谜不在于他现在是什么，而在于他能够成为什么。"① 人不会在某一个点停顿下来，他总要不断审视现实的存在，不断超越、批判原有的生活，努力扩展生命发展的各种可能，将一个点变为一条无限延伸的射线。创造性、超越性是人的本性，如怀海特指出，人和人的生活是一种"通向新颖的一种创造性进展"②。生活是人对已有的生活状态不断否定和对新的可能状态不断创造的过程，是人不断地否定自己、完善自己、超越自己，创造可能的完满生活的过程。"人从不满足周围的现实，始终渴望打破他的此时——此地——如此存在的境界，不断追求超越他的现实——其中也包括他自己的当下现实。"③ 人总是把"现在所是"的规定性当成努力去否定的东西，

---

① ［德］A.J.赫舍尔：《人是谁》，隗仁莲译，贵州人民出版社 1995 年版，第209页。

② ［英］A.N.怀海特：《过程与实在》，周邦宪译，贵州人民出版社 2006 年版，第93页。

③ ［德］马克斯·舍勒：《人在宇宙中的地位》，陈泽环等译，上海文化出版社1989年版，第43页。

而把现在还不是现实性的、"尚不存在"的东西作为自己追求的对象，进入一种"是其非是"、"应其所是"的状态。因此，人的生活不是静止的、凝固的，而是一种流动、一种徜徉、一种过程，凝聚着人对未来生活的无限渴望，指向新的生命。

人的超越性决定与人的生活相生相依的核心价值观教育在其本性上不是搬运砖头式的文化传递，而是促进学生的成长和发展。古往今来的教育都无不立足于人的这双重本性，将"实然"的人通过教育培养为一个"应然"的人，将"偶然成为的人"转化为"一旦认识到自身基本本性后可能成为的人"①，由当下的"非本真生存"去追求更加宽阔、丰富、充满无限可能的"本真生存"，实现个体生命由未完成、不完善的状态向"一种比现实生活更为本真、更有价值和意义的生活方式"发展②。本真的核心价值观教育一定是理想主义的，它来源于生活，但又不止于生活，具有面向未来的志向。教育只有仰望寥廓的星空，面向激人奋进、令人神往的美好未来，才能点燃人生的意义之光。一个人、一个国家、一个民族的教育如果失去了超越性、理想性，就没有了未来，没有了希望。

当然超越性的教育内容并非是一种脱离了人的现实生活的乌托邦，而是以现实生活作为基础和前提。现实世界所允许的生活才是"可能生活"，脱离现实世界的未来生活只能是不切实际的幻象。

---

① ［美］阿拉斯代尔·麦金太尔：《伦理学简史》，龚群译，商务印书馆 2003 年版，第 28 页。

② 王攀峰：《走向生活世界的课堂教学》，教育科学出版社 2007 年版，第 211 页。

可能生活不应排斥或否定现实生活，这好比王国维先生所说的"入乎其内，故有生气；出乎其外，故有高致"①。可能生活要介入现实生活，它以对现实生活的切近为基础，又超越现实生活，引导、改造、提升和发展现实生活。② 总之，核心价值观教育的内容应该既包含着对现实的关切，又沁浸着终极关怀，既使人明晰自己"身处何方"，又不断思考"向何处去"的问题。

第三节　多元文化背景下教育内容的建构原则

核心价值观教育内容的建构需要遵循的原则有很多，比如历史合理性与世俗合理性、先进性与广泛性、个人性与社会性、工具合理性与价值合理性、程序合理性与实质合理性的辩证统一等。因为有些内容前面已经涉及，此处仅针对核心价值观教育与其他教育内容的不同之处，选择统摄性与多样性、理性与非理性、民族性与世界性的关系进行分析。

一、统摄性与多样性相统一

在多元文化社会中，教育作为文化传承的主要途径，必然成为

---

① 王国维：《人间词话》，中华书局 2009 年版，第 37 页。
② 参见王攀峰：《走向生活世界的课堂教学》，科学教育出版社 2007 年版，第 211 页。

社会上多元价值观冲突与交锋的场域。教育系统历来是各种利益争夺的中心，各方利益集团都希冀在教育中体现自己的观点，来自不同层次、不同领域的价值标准、价值取向、政治信仰、行为规范，受教育者的不同利益和需求都希望在教育中得到反映，内化在教育内容中。处在这样复杂环境中的价值观教育内容，一方面，要坚持核心价值观的统摄性，维护核心价值观在价值体系中的主导地位，发挥其对其他多元价值观念的支配作用。另一方面也不能无视代表社会不同阶层、集团利益的愿望和要求的其他价值观的存在。由此，统摄性与多样性的关系问题成为教育内容建构必须面对和解决的基本问题。统摄性和主导性反映了教育内容统一性、一致性的要求，表现为"一"，社会文化的多样性和个人、群体需求的多元化表现为"多"，所以这个问题也被称为"一"与"多"的关系问题。

在这个问题上，存在着三种不同的思维方式：一是认为核心价值观教育的内容只能传授主流意识形态和核心价值观，要避免其他多元价值观的纷扰，以"统一思想"，保持教育内容的"纯净"和"圣洁"。二是认为学校教育应该秉持多元文化主义，要承认和尊重每个人的价值，这是社会通向自由、民主的必然要求。三是主张教育内容应该坚持核心价值观的统摄性与其他价值观的多样性的辩证统一，一方面教育内容要以"一"统摄"多"、以"一"容纳"多"、以"一"整合"多"；另一方面，也要以"多"丰富"一"、以"多"滋养"一"、以"多"补充"一"。

本人认为在多元文化社会中，核心价值观教育的内容应该坚持第三种致思路径。哈贝马斯指出："一和多作为同一性和差异性的抽象关系，是一组基本关系，形而上学思想既把它当作一种逻辑关系，也把它视为存在关系。一既是原理和本质，也是原则和本源。从论证和发生意义上讲，多源于一；由于这个本源，多表现为一种整饬有序的多样性。"① 核心价值观教育应该通过"核心"与"多元"的双向互动，向人们展现一个超越简单的"多"的别样的"一"，建构特别的"一"统摄下的生动的"多"的教育内容体系。

首先，核心价值观教育的内容必须坚持"一"的统摄性。核心价值观教育内容在指导思想上必须旗帜鲜明地坚持一元性，维护核心价值观的统治地位，发挥其统摄作用，反对指导思想上的多元论，这一基本的教育立场是不能模糊和动摇的。对于一个国家来说，尽管存在着多种多样的价值观，但是作为整个价值系统"统帅"的核心价值观，只能是一元的，它规定着价值体系的性质和方向。如果同时具有多个相互冲突的"核心"，教育在性质和方向上就会发生偏移，人们的思想就会陷入无所适从的混乱之中。越是在文化多元化的社会，越是需要突出核心价值观在教育内容上的统摄功能与整合作用，使受教育者感受到核心价值观的牵引，即"多元"必须以"一元"为归属，统一于"一元"。

但是，在多元文化社会中，坚持核心价值观的统摄性并不等于要搞传统教育的绝对的一元文化统治，否定文化的多样性，即只宣传主流意识形态，排斥其他文化。核心价值观教育内容的统摄性，

---

① ［德］哈贝马斯：《后形而上学思想》，曹卫东、付德根译，译林出版社 2001 年版，第 29 页。

是在容纳一些合理的多元价值观存在的基础上的"统摄",如果钳制得过紧、过死,形成核心价值观一元独霸的局面,人们多样化的价值诉求得不到承认和体现,就会招致人们对价值观教育的反感和抵制。所以,核心价值观的一元化不是消灭一切的不同,只呈现自身或与自身一致的观念,而是作为社会整合的"核心"与"纽带",意在使多元价值观不再是分化的、游离的、漂泊孤立的杂多,而保持健康、和谐的秩序。《国语·郑语》中的"和实生物,同则不继"正是这一思想的表达,由不同的要素和合能生成万物,但是如果完全相同则会止步不前。只有在承认差异、尊重不同的基础之上,在多元的对立统一中,通过沟通、商谈,求同存异,才能在"和"中不断生成、丰富和发展;相反倘若一味"求同",无法相互补充,不但得不到发展,反而会导致衰退,难以为继。只有将核心价值观的统摄性及其对多元文化的包容性完整地表达出来才能建构合理的教育内容。

其次,核心价值观教育的内容要汲取"多"的丰富性。在多元文化社会中,"一"的胜出不是依靠霸权,而是依靠自身的先进性。核心价值观是在与多元价值观的博弈中成长起来的,"核心"通过与"多元"的对话、质疑、澄清和协商,凝聚和吸收了"多元"的生动性和丰富性。经过"多元"批判、质疑形成的东西,无论对于个人还是社会而言,无论在理论上还是实践中,都是更为成熟、更为完善的,具有更大的合理性,更容易得到社会成员的认同。

"多元"是"核心"存在和发展的动力。要积极看待价值观的多样性、差异性,甚至是冲突摩擦。哈贝马斯说:"只有在多元性的声音中，理性的同一性才是可以理解的。"① 有比较、鉴别和斗争，才能发展，核心价值观教育的内容正是在汲取多元文化的丰富资源与合理思想，不断地提炼、升华出新的发展因子而充实、丰盈的，也是在与其他多元文化的自由争论、冲突交锋中，接受多元的责难，不断自我批判反思，修正自身缺陷的。核心价值的高贵之处，在于它不竭的反思性与创造力，在被破坏中，重写新的最高价值。

总之，在核心价值观教育的内容上既要坚持核心价值观的主导地位，又要辩证地对待文化的多样性，把主流意识形态的方向性和"百花齐放、百家争鸣"结合起来，坚持"统与放"、"破与立"、"一与多"的辩证统一。

二、理性与非理性相统一

理性与非理性孰轻孰重，是彼此分离，还是可以和谐统一，一直是哲学发展史上让人纠结的问题。相应地，教育也始终在二者之间摇摆不定：一个时期以理性思维的培养为重，另一个时期就以情感陶冶、兴趣引导为主，二者的冲突和斗争构成价值观教育内容变化发展的一条线索。

1. 理性向合理性范式的转换

从欧洲文化的发展史来看，古希腊时期被称为理性时代，人们

---

① ［德］哈贝马斯：《后形而上学思想》，曹卫东、付德根译，译林出版社 2001年版，第 139 页。

把理性视作通往真理和幸福的重要途径。在古罗马时期，情感则居于主导地位，快乐主义伦理深受欢迎。在中世纪，理性以禁欲主义伦理的方式表达出来，这种理性压抑了人间正常的情感和欲望。文艺复兴则摆脱了禁欲理性的束缚，高举人的理性的旗帜，由理性为道德立法，膨胀出"理性万能"。理性是评价一切的标准，"成为一种客观的历史力量，引导社会生活与组织，并使世界变得更加美好"①，非理性相应地受到了排斥。此后出现的工具理性主义，将科学技术推崇到至高无上的地位，忽略了人的情感方面，人被"物化"成没有情感的"技术工具"。之后，非理性主义代之而起。存在主义、后现代主义都反对理性的独裁，要求解放被理性压制的非理性。"理性是个大灾难，是告别他的时候了。"② 非理性受到重视，理性被视为对人的压迫，遭到贬抑。

上述历史发展的逻辑表明，人们总是将理性或非理性中的一方推举到极端，然后再在批判反思中进行纠偏，将被压制的一端推向巅峰。在这一轮的交战中一方凌驾于另一方之上，在下一回合中凌驾他者的一方就会失败，另一方登上胜利的舞台，高唱凯歌。二者总是在此消彼长中相互易位。究其原因在于理性与非理性二者中的任何一方都具有合理性，但又都不是合理性的全部；二者都有自身的有限性、相对性，不能肆意地相互僭越。

作为对绝对化的理性和非理性的批判与拯救，合理性范式被逐

---

① 易连云、陈时见：《挑战理性——后现代主义对现代教育目的的诘难》，《比较教育研究》1999 年第 11 期。

② ［美］保罗·费耶阿本德：《告别理性》，陈健等译，江苏人民出版社 2002年版，第 17 页。

渐澄明——"哲学通过形而上学之后、黑格尔之后的流派向一种合理性理论集中"①。这种思维范式首先意味着理性的"祛魅"，重新厘定理性的职能和权力界限。培根用经验归纳的方法代替理性分析方法，以怀疑主义冲破理性独断的霸权。康德的《实践理性批判》也旨在通过明确理性在不同领域中的存在界限，防范理性的僭越与压迫。理性不再是超历史的、僵固专断的"绝对真理"，而是回到历史与文化之中，与特定的时代和个人相连。理性不再具有无所不能的力量，它只是人的诸多能力的一种。同时非理性也不再无节制地宣泄个人的本能和欲望，一味沉浸在私人肤浅、狭小的快乐中。明确各自权限的理性与非理性牵手走进了合理性视域。

2. 合情合理

在合理性范式中，人是理性与非理性的统一体。理性是人与动物相区别的重要特征，它主要表现为思考、逻辑判断和推理的精神活动，体现了一种"我思"的能力，具有观念性、抽象性的特征。非理性则与理性相对，主要指人的意志、欲望、情感、情绪等人的心理现象和知觉、灵感、顿悟等非理性的认知形式和认知能力。与理性不同，非理性不具有严密的逻辑，而是非逻辑的、情绪性的精神活动，它偏重于人的心理、生理本能。

人的理性与非理性相统一的双重特征决定了教育内容的合理性应该既包含理性合理性，也包含情感合理性。其中理性以逻辑思

---

① ［德］哈贝马斯：《交往行为理论》，曹卫东译，上海人民出版社 2004 年版，第 15 页。

维、抽象思维为核心价值观教育的内容建构起一整套严密的价值体系、思维模式与规范标准。非理性则是以心理的、情感的因素，支撑起价值观教育内容中情感、态度、体悟、感受的维度。用理性取代情感，或者无视理性的教育内容都是片面的和贫困的。二者缺一不可，相互补充、相反相成，交融在一起，衍生出巨大的精神力量。

核心价值观教育的内容要以理性为主导。从核心价值观教育的任务来看，需要理性挖掘客观事物背后的本质，揭示人生和宇宙之意义；需要理性洞察历史的发展，找到文化历史发展的内在规律；需要理性透过纷繁复杂的生活现象提炼出普遍性的价值标准；需要借助理性严密的逻辑，建立起整个价值世界的系统结构，厘清各领域、各层次、各方面价值之间的关系……只有依靠理性，核心价值观教育才能建立起其内容的骨架与精神内核。

核心价值观教育内容还要发挥理性对非理性的提升与规约的作用。核心价值观教育内容的深刻性和崇高性决定，不能把内容的控制权完全交给本能、欲望、感觉等非理性因素，要凭借理性的深刻反思使欲望、情感更加符合人性和社会进步的标准。要以人类理性的深度提升非理性的本能性，以理性的逻辑性规划非理性的非逻辑性，以理性的自觉性引导非理性的自发性，让非理性在与理性在联系中走向更高的层次。

除了理性内容之外，情感也是教育内容的有机组成部分。价值观教育与科学教育不同，科学教育遵循"求真逻辑"，价值观教育遵循"价值逻辑"。求真逻辑以"……是……"的方式揭示事物的本质，价值逻辑以"应该"表达价值理解和价值行为。在"是"

的逻辑中，情感、情绪等心理因素的介入会降低科学"求真"的正确性和可靠性，常常被认为是影响人们做出客观判断和推理的罪魁祸首，因此，科学教育要尽量排除情感等非理性因素的影响和干扰，以"纯粹的理性"面对所要研究的事物。与之不同，在"应该"的逻辑中，仅仅凭借于理性并不能完成从事实到价值的转换，情感可以实现从事实到价值的跨越。情和意是将知转化为行的中介，只有经过情、意等非理性因素，才能将理性的价值标准和价值规范内化于心，进而转化为实际的行动。具体而言，价值观教育的内容不是外在于人的"理"，"理"只有获得教育对象的心理认同，被他们接受，才能发挥作用。"认同"、"接受"意味着出于喜好、欣赏之情对某个事物或某种行为作出肯定的、积极的价值评价。非理性能够使人们产生渴望、赞美或厌恶、反感的情绪，从而做出追求、捍卫或摒弃、反对的不同的行为选择。核心价值观教育的内容要注重发挥情感的精神魅力和催化作用，让理性借助非理性因素的注入而获得真实的人伦沁润，突破理性逻辑的僵化与冰冷，增添生命的厚重与灵动。信仰就是一个典型的例子。信仰是人们对某种理论或主义的信服和尊崇，它蕴含着主体的执着情感和坚定意志，包含了虔诚、敬畏、深信不疑等非理性的因素。由于情、意的纳入，所信仰的理论和观点就成为生命意义的所在和生命价值的寄托，成为一个人一生不懈追求的目标。

　　合理的核心价值观教育的内容不是要摆脱理性，也不在于压制生命的欲望和冲动，而是要情理交融、合情合理。中国历史上的"礼乐教化"是一个典范。礼与乐作为教化的两种手段是相辅相成的。用礼的典章制度，规范和约束人们的行为；乐通伦理，用乐净化心灵，陶冶性情，形成礼的认同。礼与情是内在统一的。制礼要合乎人情，离开了人情，礼只能是没有实质内容的虚文。同时，要以礼培养情、依礼治理情。蕴含在礼中的情感与人的自然情感不同，得到礼修正、涵养和儒化的情感会更为合宜、合理，变得深厚、美好和高尚，被提升到一种恢弘而有尊严的高度。教化的过程就是情与理的贯通圆融。

三、民族性与世界性相统一

在各国关于核心价值观教育的书籍中，我们可以或明或暗地发现一种潜藏的价值取向，人们总是试图片面地宣扬自己文化的优点，避而不谈他者文化，或者谈到他者文化时总是采取一种简单化、蔑视的或者批评的态度。担心他者的文化会动摇甚至摧毁自身文化的根基，比如东方国家惧怕西方国家的自由、民主观念，认为它们会分化其统一的集体主义意识，西方国家也担心东方国家的整体意识破坏其自由主义的社会根基。于是，在实践中，核心价值观教育的内容更多的是宣扬自我的独特之处，在一定程度上表现出对他者的排斥和对共同之处的回避。在多元文化社会中，各民族文化相互联系、彼此激荡，构成一个共生共在、色彩斑斓的整体，企图排斥其他文化的影响是不可能的。文化的民族性是一定民族在长期的生产和生活过程中，基于特殊的地理环境、历史背景和文化传统，积淀下来的相对稳定的与其他民族相区别的文化特征。它在本质上是一个民族的文化与其他民族的文化的根本区别。文化的世界性是在全球化进程中，源于文化的交流与融合而产生的各民族文化间的共同性和普遍性。作为文化传承的重要途径的核心价值观教育，在多元文化时代必须要处理好民族性与世界性的关系。

首先，核心价值观教育的内容应该是民族精神的弘扬和民族优秀文化的彰显。核心价值观不是纯粹个体意义的追问，作为一种普遍性的精神，它具有共同性，是一个国家和民族价值体系中起决定作用的部分，它支撑着社会上所有的价值判断，是民族国家最本质、最持久的精神要素，是一个民族的灵魂。以核心价值观为内容的核心价值观教育在本质上必然内涵着一个民族的文化理解、高尚品格、理想信念和深厚情感。

黑格尔曾经说过，独立自主是一个民族最基本的自由和最高的荣誉。而任何一个民族要想独立自主，屹立于世界民族之林，必须文化独立，文化独立是民族独立的前提。文化独立与文化自觉、文化自信是分不开的，也就是要对本民族的优秀文化具有深层的价值认同。民族文化独特的精神气质是该民族在历史积淀中形成的独有的处理自己发展问题的思维方式、价值取向和行为方式。一个民族一旦丧失了文化的独特性，也就丧失了自身存在的合法性。核心价值观教育作为培育文化自觉，形成文化认同的重要手段，其教育内容必然要引导青年一代理解自身的文化传统，懂得本民族对自然、对世界、对生命的特有的叙事方式和独特感受，在民族心理、民族风范、民族信仰、民族的思维方式和行为方式的层面上形成"文化身份"意识。康德曾说，不同的民族对幸福的理解是不同的，离开了特殊、具体的生活环境，离开养育你的文化传统和语境，是没有办法深刻理解价值问题的。要想赢得认同，就要把民族文化中能够增强民族凝聚力和促进民族发展的那些积极的、进步的、优秀的、智慧的内容传递给人们。比如民族精神作为一个民族在生存和发展中的精粹思想，是一个民族的精神命脉，是一个民族的慧根，是一个民族同心同德的关键。在实践中，任何一个国家的核心价值观教育都将弘扬民族精神作为必备的内容，从而唤起人们的民族自尊心、自信心和自豪感，激发他们积极进取、奋发向上。

一个民族可能贫穷，可能被人欺凌、可能颠沛流离，但只要它的文化价值观依然存在，就没有灭亡。民族文化是一个民族能够生生不息得以延续的内核。在多元文化喧闹的社会，教育如果丢失了这部分内容就等于失去了自己的精神血脉。失去了灵魂的民族必然会失去与世界进行对话的权利与可能。

其次，核心价值观教育的内容也应具有"世界的胸襟"。教育内容要坚守和体现民族文化，并不意味着要排斥与其他文化的交流。在全球化的背景下，没有任何一个民族能够在世界文化之外独立存在并发展。马克思说："凡是民族作为民族所做的事情，都是他们为人类社会而做的事情，他们的全部价值仅仅在于：每个民族都为其他民族完成了人类从中经历了自己发展的一个主要的使命（主要方面）。因此，在英国的工业，法国的政治和德国的哲学制定出来之后，它们就是为全世界制定的了，而它们的世界历史意义，也像这些民族的世界历史意义一样，便以此而告结束。"[①] 在多元文化社会，民族文化不是封闭的、静止的，而是开放的、交往的，越是民族的也越是世界的。

----

① 《马克思恩格斯全集》第 2 卷，人民出版社 2005 年版，第 194—195 页。

民族文化只能存在于世界文化之中。任何民族文化都不可能在封闭的空间中独立存在，民族文化是一个民族的个性，但是这种个性不是纯粹的独特、完全意义上的自我，不是孤零零的个性，而是一种"共在"中的个性。"人与他人相遇，才会思考自己是谁；一个群体与其他群体相遇，才会把这个群体想象成为共同体。"① 离开他者之镜，自我是无法获取文化身份的。全球化的语境提供了他者的参照系，在比较中，不同的文化都不断强化自我的身份意识和参与权利。所以，民族文化在世界范围内的普遍交往，不仅不会削弱文化的民族性，反而会大大加强和激发各民族去认识和彰显真正的自我，挖掘自身的特色和优势。而且文化层面的个性，实际上是一种很高的要求，它不仅是一个民族在长期历史积淀中形成的精神气质，也必然包含着某种普遍价值和精神魅力，蕴藏着为其他文化形态所承认和折服的东西。只有接近普遍性的文化个性才能被别人承认，才可能获得自身真实的存在。任何一种民族文化如果不能有意识地参与、积极地投入世界文化的新的发展中去，就等于放弃了自身的生存权和发展权。

民族文化也只有在与世界文化的双向互动中才能不断发展。"一种文化只有在勇于创造性地吸取外来文化成果时，才富于生命力，并在文化的冲撞与融合过程中，变得强健和充满生机。"② 文化的世界性对文化的民族性的拓展和促进，意味着一种文化的丰

---

① 韩震：《论全球化进程中的多重文化认同》，《韩震论文选》，中华书局 2009 年版，第 263 页。

② 韩震：《民族文化的生命力在于开放》，《韩震论文选》，中华书局 2009 年版，第 209 页。

富、一种智慧的增长，一种由差异多样的文化张力所激发出来的创造和超越。世界文化的整体视角能够开拓民族文化的视野，任何一个民族的文化都有自己的相对长处和相对短处，如果在广泛的文化交流中相互倾听、相互理解，取长补短，汲取其他文化中的优秀成果，使其转变为自身的有机组成部分，就能突破自身文化的狭隘性和局限性。因此，民族文化要在保持自身独特性的基础上，以开放的心态，批判借鉴、改造吸纳，从而使自身得以永葆活力，绵延发展。

当然，文化的世界性并不排斥文化的民族性。世界文化性并不是超越于各民族文化之上的一种独立存在的文化。作为沟通民族文化的桥梁，它不仅存在于民族文化之中，也是通过民族文化的发展而发展的。世界文化是在各民族文化的历史和文化发展的过程中产生出来的，并且在各民族文化的竞争冲突中创新重组，不断把民族文化中新的东西容纳进去。这种在开放的、流动的、批判的话语空间中形成的世界文化不是高高在上的抽象理念，也不是空洞的"宏大叙事"，而是与民族文化相结合的一种得到普遍认可的、可以共享的文化精髓。

核心价值观教育的内容既不能坚持狭隘的民族主义，也不要大而化之的世界主义。费孝通先生"各美其美，美人之美，美美与共，天下大同"的精辟之语正好诠释了这一点，美各有特点、各具特色，不能妄自菲薄，也不能妄自尊大，简单武断地以自己的标准去评价他人的美丑、优劣，要懂得发自内心地欣赏他人之美，善于学习他人之美，取长补短，将自己之美与他人之美相得益彰地融合在一起，达到大同之美。大同之美是对各美其美、美人之美的丰富和发展，作为更高的境界，它是美的一种平衡与整合状态。坚持各自之美与追求大同之美之间并不矛盾，二者相辅相成，前者是后者的前提和基础，后者是前者的升华和凝练。

第四章

对话与理解：核心价值观教育的基本方法

　　"方法"一词，来源于希腊文"metodos"，原义指沿着一定的路径、以一定的方式向目标前进。在中国古代，"道"、"术"、"略"、"器"都带有方法的意思。时至今日，方法的意义变化不大，现在"方法"通常是指为了达到一定目的所采用的步骤、程序、方式和手段。列宁在《哲学笔记》中摘录过黑格尔《逻辑学》中的一段话："在探索的过程中，方法也就是工具，是主观的某种手段，主观方面通过这个手段和客体发生关系。"[1] 列宁将方法概括为一种工具和手段，是连接主观与客观的桥梁。毛泽东曾有个形象的比喻："我们的任务是过河，但是，没有桥和船就不能过。不解决桥和船的问题，过河也就是一句空话。不解决桥和船的问题，任务也只是瞎说一顿。"[2] 方法具有十分重要的意义，是完成任务、

---

① 《列宁全集》（第38卷），人民出版社1996年版，第236页。
② 《毛泽东选集》（第一卷），人民出版社1991年版，第139页。

达成目标的方式。

核心价值观教育的方法是指在核心价值观教育过程中，为实现教育目标，传递教育内容，教育者采取的教育手段和方式。方法作为桥梁是连接教育者与教育对象的"纽带"。具体来讲，教育学的教育方法有两个层次，一般意义的方法和具体意义的方法。前者指启发法、塑造法等基本方法，后者则更为具体，是针对某一具体领域、具体环节采取的具体策略，如提问法、情感陶冶法、行为训练法等，包括一系列十分详细的操作方式、步骤、程序等技术层面的东西。本章所研究的教育方法，是从哲学的视角，在教育学的教育方法之上，探讨核心价值观教育方法的基本范式和基本原则。

教育方法是增强核心价值观教育有效性的关键，是影响教育效果的重要因素。只有方法适当，符合教育对象的需要，适合受教育者身心发展的特点，才能引起他们的共鸣，得到拥护，从而最终实现核心价值观教育的目标。

核心价值观教育方法的有效性与核心价值观教育存在的合法性、教育内容的合理性之间存在着密切的联系。方法的有效性是核心价值观教育存在合法性的必要条件，也是教育内容合理性的内在要求。核心价值观教育的合法性在于使核心价值观赢得教育对象的广泛支持和忠诚。而这种忠诚的产生依赖于将核心价值观教育的内容凝结在教育对象身上，转化为他们的内在信仰和行为方式。这个转化的途径和条件就是针对教育对象的具体状况，采取正确有效的教育方法。否则教育内容就无法内化下去，失去了信众，核心价值观教育必将丧失自身存在的合法性。

对中西方近代以来价值观教育方法的发展历程作一个简单的回

顾，从中可以窥探出教育方法发展的基本路向。新中国成立后，价值观教育主要采取灌输的方法，直到 20 世纪 90 年代末才逐渐认识到，现实中价值观教育效果不尽如人意的一个重要原因在于教育方法的简单与低效，国内理论界对教育方法进行了一定的改革和探索：由以灌输为主的"填鸭式"转变为参与式、讨论式、活动式、案例式、情境式等更为多元、开放、互动的教育方法。情感教育法、实践活动法、道德体验法等都是典型的代表。

西方近代以来的教育方法按照柯申鲍姆的划分，大体经历了四个阶段：19 世纪末 20 世纪初主要是道德品质的讲授法；20 世纪 20—50 年代强调灌输的教育方式；20 世纪 60—70 年代，价值澄清法、体谅关心法，以及柯尔伯格的道德两难问题法等人本主义方法占据了优势；20 世纪 80 年代以来，讲授法的作用受到了重新评估，同时各种教育方法综合运用的趋势十分明显。

纵观中西方价值观教育方法发展的历程，可以发现一个明显的转向：以往的教育方法主要是把受教育者当作一种工具或容器单向地灌输某种特定的价值观，而在多元文化社会中，教育更加注重提高人们对各种思潮和观念的分析、比较、辨别和择善而从之的能力。过去的"顺从"、"复制"、"训练"转变为强调各种话语、观念之间民主、平等、开放的交流，并在对话中引导人们去主动思考、相互理解，实现意义的创生。这种新的教育方法带有明显的人本主义特点，更加注重受教育者的主体性，尊重他们独立的人格，关注他们的兴趣和内在需要，营造一种彼此尊重、相互关爱的教育氛围。

第一节　灌输与交往

一、"灌输"的内涵

无论在东方的还是在西方的价值观教育中，灌输始终是一个备受关注的话题。关于"灌输"在价值观教育中是否具有合理性的争论，一直没有停止过，有的推崇，有的反对，有的保持"模糊处理"的态度。"分歧"在很大程度上源于"灌输"在概念使用上的混乱，特别是东西方意义上的差异，赞成和反对的并不是同一个东西，不是在同一意义上展开的对话。所以，首先需要把"灌输"的内涵界定清楚，才能确定我们对其应有的价值判断，这是展开研究的基础。

我们经常遇到的"灌输"大体有四个"版本"：一是马恩列斯经典著作中的"灌输"论，二是西方道德教育的"灌输"，三是汉语中的"灌输"，四是教师日常教学中的"灌输"。这四类"灌输"在含义上都存在着一定的差别。

"马克思主义灌输论"有其特定的含义，它是指把马克思主义的立场、观点和方法灌注和输入到无产阶级和广大群众中去。列宁在《怎么办?》中系统地阐述了他的"灌输"思想。"工人本来也不可能有社会民主主义的意识，这种意识只能从外面灌输进去。各国的历史证明：工人阶级单靠本身的力量，只能形成工联主义的意识，而社会主义学说则是从有教养的人即知识分子创造哲学、历史和经济的理论中成长起来的。"① 马克思主义的观点不会在工人阶级中自发产生，需要先进的知识分子把这种科学理论和崇高信仰从外面灌注进去。所以，"马克思主义灌输论"实质上在实践活动中要不要把马克思列宁主义作为指导思想的问题，它更多地指向一种科学理论本身，而不是一种教育方法。

"灌输"在西方道德教育中是指一种把思想观念从外面压进学生头脑中的教学方法。"灌输"在英文中有两个词与之相关"in-culcate"和"indoctrinate"。"inculcate"原义是用脚后跟踩进、压进、印进，后来被引申为"通过强式劝告或不断地重复向一个人的头脑中压印（某种东西），特别是指向强迫性地教授一个原则、观点或一种信念"②。"indoctrinate"原义是"压印某种党派、宗派主张或观点、原则"③。杜威对"灌输"的理解是在"inculcate"意义上的。他在《教育和社会变动》中指出："我将把思想灌输理解为系统地运用一切可能的方法使学生铭记一套特定的政治和经济观点，排除一切其他观点。这个意义是从'反复灌输'这个词来的，本义是'用脚后跟压印'。"④ 还有的学者从对灌输所持的否定态度界定灌输，英国教育家阿特金逊明确地指出灌输就是一种"方法的不合理性"⑤。总体而言，西方教育认为借助某种外部力量

---

① 《列宁选集》（第 1 卷），人民出版社 1992 年版，第 247 页。

② 中国社会科学院语言研究所词典编辑室：《现代汉语词典》，商务印书馆 1963 年版，第 369 页。

③ 《韦氏大学词典》，世界图书出版公司 1996 年版，第 593 页。

④ 赵祥麟、王承绪编译：《杜威教育论著选》，华东师范大学出版社 1981 年版，第 341 页。

⑤ 李菲：《重释"灌输"的内涵及实质》，《教师教育研究》2004 年第 1 期。

强迫受教育者接受某种思想观念就是在"灌输"。"灌输"的本质特征就是强制性，它是一种无视学生主体性的教育方法。

汉语中的"灌输"与西方道德教育中的"灌输"有着本质差异。汉语中的"灌输"原义是"把水流引导和注入到需要水分的地方"，后来被借喻为"输送某种思想、知识"的活动。因为任何输送思想、观念和价值观的行为都可以称为"灌输"，所以在汉语中"灌输"等同于"教育"。可见，"灌输"在汉语中是一个中性词，这与西方在贬义上使用的"灌输"差异很大。在更加准确的意义上，西方的"灌输"是汉语的"强制灌输"。所以，有些学者认为，在中国语境中应该在"灌输"前面加上"强制"，看来并不是无意义的重复。①

教师日常教学实践中的"灌输"更多地指教师讲、学生听的"填鸭式"、"注入式"、"训练式"的具体教学方法和操作步骤。在教学实践中，还有一些教师把"直接教学法"或"讲授法"当成"灌输"，认为"灌输"就是教师直接向学生讲授价值观教育内容的教学方式。

在对以上四种"灌输"概念分析的基础上，我们可以厘清当前作为教育方法的"灌输"的内涵。首先，作为教育方法的"灌输"与马克思主义灌输论中的"灌输"有着本质区别。马克思主义的"灌输"是在"科学理论"和"指导思想"意义上的，不是教育方法意义上的，它旨在强调马克思主义理论的科学性，强调受

---

① 参见李菲：《重释"灌输"的内涵及实质》，《教师教育研究》2004年第1期。

教育者接受这种先进理论的重要意义。

在现代教育中，"灌输"也不是汉语中"教育"的意思。随着中西方文化的融合，"灌输"在当前已经不再是"教育"的同义，而恰恰是对教育本真意义的扭曲。正如美国学者克拉波夫在《灌输抑或教育》一文中所指出的，贬抑还是尊重学生的理性意识，遏制还是培育学生的个性自主，仇视还是欢迎不同意见，将当前的真理视为最终结论或者一种假设，是灌输与教育分别表现出来的完全相反的特征。① 罗伯特在《灌输与教育》中也对灌输与教育的特点从参考文献、使用方式等12个方面进行了对比。

教育哲学的"灌输"也不是日常教学中具体的教学方法。教育哲学的"灌输"不是指"如何注入、填鸭"的具体手段，它不研究教师如何教学的具体技巧和策略，而是在方法论意义上对教育方法在指导思想上的抽象概括，是对各式各样、五花八门的具体的填鸭方法在观念层面、本质层面和思维层面上的提炼，它揭示了具体教育方法背后的强迫、压制、规训的思想根基。此外，将灌输理解为直接教学法也是错误的。教师直接教授学生的方法是众多的教学方法之一，其正确性和必要性是毋庸置疑的，它不是完全忽视学生主体地位的一种教育方式。

本书中的"灌输"是在哲学方法论层面上的一种教育方式，是在汉语"强制灌输"，即西方"灌输"的意义上使用的。它表现为教师照本宣科，强迫学生接受某种特定的观念或思想，抑制学生

---

① 参见 Gary K. Clabaugh. *The Cutting Edge——Education or Indoctrination：Is There a Difference?*. Educational Horizons. 2007. (1). 76。

质疑、思考和发问，回避理性审视，通过强制手段获得服从的教育方式。

二、"文明的进程"还是"象征的暴力"

"灌输"是"文明的进程"，还是"象征的暴力"，一直存在不同的看法。纵观西方教育史，可以发现在古代、近代人们坚持和注重灌输，但是自 20 世纪末以来，批判灌输开始成为主流。

1. "灌输"的历史嬗变

在西方教育史上很长一段时间里，人们认为灌输是"文明的进程"。在古希腊、古罗马时期，"道德教育几乎无一例外都是专制性的，儿童的行为必须遵守自己所学习的社会道德习俗，在教育过程中不允许违背这些行为准则或者对它们有所批评"[1]。古希腊教育家安提西尼的"种子说"和古罗马教育家普鲁塔克的"蜡印说"都十分典型，认为学生的灵魂被灌输进高尚的品格，就像将种子埋入泥土中就能开出艳丽的花朵，像给软蜡打上印记。进入中世纪，学校强制灌输宗教信仰和规范，强调对《圣经》的绝对信仰和绝对服从，"一定要强迫他们按命令行事，哪怕因此而不得不连续鞭打他十次"[2]，教会的信条是"但信勿问"。

文艺复兴以来，以夸美纽斯、洛克、赫尔巴特为代表的理性主义教育家认为理性可以通过灌输而获得。夸美纽斯的"印刷说"，

---

① ［美］约翰·S.布鲁柏克：《教育问题史》，吴元训等译，安徽教育出版社 1991 年版，第 299 页。

② 同上书，第 308 页。

认为灌输好比印刷术的使用，"知识可以印在人心上面，和知识的具体形式可以印在纸上是一样的"①，能够保证复印件与原件完全一致。洛克在《人类理解论》中提出了著名的"白板说"，他将人先天的心灵比作一块白板，任何东西都可以在上面书写。此外，他还提出了各种训练与规则，强调受教育者要反复练习。赫尔巴特围绕灌输展开他的整个教育思想，他认为教育就是观念从外部压进人的心灵的过程，他详细总结了灌输式教育的步骤，提出了"明了、联合、系统和方法"的四阶段教学法，并在具体教学法的基础上，构建起一个包括教育目标、师生地位、教学步骤在内的完整的灌输教育理论体系。

与此形成鲜明对照的是，同一时期教育界也出现了质疑灌输的声音。卢梭的"自然教育"认为，灌输是适合成人的教育方式，但不适合儿童，不能把成人的一些抽象的概念和理论一股脑儿地扔给儿童。卢梭说："我们从来没有设身处地地揣摩过孩子的心理，我们不了解他们的思想，我们拿我们的思想当作他们的思想；而且，由于我们始终是按照自己的理解去教育他们，所以，当我们把一系列的真理告诉他们的时候，也跟着在他们的头脑中灌入了许多荒唐和谬误的东西。"② 卢梭主张让儿童通过主动的参与活动，自主地获取知识与观点。斯宾塞从社会存在的变迁对教育方法影响的角度对"灌输"进行了批判，他指出在旧的专制主义时代，教育

---

① ［捷］夸美纽斯：《大教学论》，傅任敢译，教育科学出版社 1957 年版，第178 页。

② ［法］卢梭：《爱弥儿——论教育》（上卷），李平沤译，商务印书馆 1983 年版，第 221 页。

只能听命从于特权的安排和指挥。然而，在自由贸易时代，经济交往带来思想文化的自由气息，要求教育不能再采用非自然的强制方式硬灌，这具有十足的不合理性。①

随着19世纪末"进步主义教育运动"的兴起，西方现代人性化的道德教育模式展开了对灌输的批判。杜威率先对赫尔巴特的道德教育观进行了猛烈的抨击，他将灌输与民主政治联系起来，揭示了灌输"强制"的本性。"只有那些使人机械地、无须思索的东西才能被灌输或者强加。反思、判断、推理——此乃真正民主和忠诚追求科学方法所必需——不能简单地通过强制教育方法而获得。因此，专制社会依赖灌输而求永存，民主社会则不能这么做。"② 凯尔派垂克也宣称，灌输在根本上是不民主的，它贬抑学生个性的自主发展，妨碍个人的价值选择。之后西方教育理论界展开了批判灌输的浪潮，道德认知学派、价值澄清学派、进步主义、存在主义、人本主义、建构主义等众多学派都对灌输的加以斥责，还形成了专门的反对道德灌输的理论学派，以威尔逊为代表的"内容派"、以哈尔为代表的"目的派"、以罗杰斯为代表的"方法派"和以人性观为基础的"根据派"，这些派别从不同角度对"灌输"进行了全面的批判。③

---

① 参见郭法奇：《灌输式教育：从怀疑、批判到否定——20世纪西方教育的最大变化》，《比较教育研究》2004年第11期。

② James C. Lang. *The Great Indoctrination Re-construction Project：The Discourse on Indoctrination as a Legacy of Liberalism*. Philosophy of Education. 2007.（3）.136.

③ 参见孙来斌、谢成宇：《西方灌输概念的历史嬗变当代阐释及其启示》，《学校党建与思想教育》2010年第9期。

2. 对"灌输"的全面反思

灌输作为教育方法在诞生之初是社会控制的有效手段，被当作一种积极的教育方式，认为这种教育方式相比于"非注入式方法"更有效率，更有秩序，也更可靠。

在社会发展中，灌输是由规范演化而来的。人作为社会关系的总和，处于共生共在的状态中。共同利益与和谐共生的需要决定社会中的人要约定共同遵守的社会契约。契约保证了人与人之间一定范围的合作，同时契约设定的规范具有天然的强制性，它需要个体服从群体的意志，按照规范约束自身的行为。教育恰恰是使年轻一代习得这些社会规范的理想工具，于是人们顺理成章地把教育的全部目的定位于培养遵从社会规范的个人。在这样的教育目标下，教育的方法只能采取真理式的布道，严格的纪律与明确的奖惩等策略手段。教育代表了"真理"，真理讲述的一切，受教育者都要无条件地全部接受。于是正确的"真理"不断修正教育对象身上与其不符的"顽劣"，惩罚任何与其有出入的思想，训练学生们严格地按照"真理"行事。通过灌输，一切不安分、不规矩的力量都被压制和削平了，人们对社会规范形成了"社会同意"。

社会规范的存在有其合理性，但是，由此形成的灌输式教育方法的合理性要辩证地看待。不能否认灌输在学生掌握知识上的快捷和"效率"，但是这种教育方法在总体上是不合理的，它通向专制、封闭、保守、僵化的文化模式。在民主社会中，建构人的精神世界的核心价值观教育是主体自主自觉的追求过程，不可能主要通过"灌"的方式获得。

灌输的封闭性使教育对象失去了批判意识和创造能力，养成犬儒主义的心态。史努克深刻地指出："在日常生活中，我们批评某人说他被灌输了，言下之意即就人的思想或行为的某些领域而言，他的大脑封闭了，他的信仰之门也将因此不再对合理审视而开放。"① 威尔逊更加直白地说："一个接受了教条灌输的人，意志和理性在睡大觉。"② 他们不用思考，也无须反思，更不公开运用自己的理性去判断和选择，精神思想处于一种被谋划、被牵制的"只能如此，别无他途"的被动状态。"如果权威的威望取代了我们自身的判断，那么权威事实上就是一种偏见的源泉"③，与这种偏见伴生的是盲从、判断力和思考力的丧失。劳伦斯也感叹道："一种机械的教育影响了生命的全过程。因此，无所作为的人便非常之多了。"④ 核心价值观教育的本质在于对美好生活的追寻，旨在形成人对生活进行反思和批判的精神品质，培养价值判断和价值选择的能力。而灌输通过一整套宣讲、经典叙事、训练、监督、修正和奖惩的精细的技术手段，把人的精神拉上"普罗克拉斯的铁床"，人被削足适履地塑造。失却了反思生活的勇气和检视生活的能力，失去了孜孜以求创造美好生活的精神动力，人不再去追问什么是有意义的生活，只是接受、听从教育给他的全部，人的思想被封闭了。

---

① I. A. Snook. *Indoctrination and Education*. London and Boston: Routledge & Kegan Paul. 1972. p. 18.

② J. Wilson. *Indoctrination and Rationality*. I. A. Snook. Concepts of Indoctrination. Routledge & Kegan Paul. 1972. p. 38.

③ ［德］伽达默尔：《真理与方法》（下卷），洪汉鼎译，上海译文出版社 1999年版，第 358 页。

④ ［英］伊丽莎白·劳伦斯：《现代教育的起源和发展》，北京语言学院出版社 1992 年版，第 232 页。

灌输的强制性否定了教育对生命价值的自由追求。服从高于独立，听话高于思考，接受高于创见，一致高于分歧，受教育者被当作"仓库"、"白板"、"容器"和"等待印刷的白纸"，教育活动成了精致技术的规训和控制下的活动。"'规训化'教育的恐怖就在于对儿童生命的自主性的轻视。教育成为一种事先谋划好的、以有效的方式控制儿童心智和身体的技术，成为一种必须服从的训练机制。"[①] 这样的教育在根本上抑制了教育对象思想创造的自由与冲动，生命失去了独立自主，成为被他人支配的傀儡。沛西·能曾强调自由在教育中的重要作用，"自由，如果说不是一切崇高美德的源泉，就是一切崇高美德的条件"[②]。自由是人成长所必需的条件，自由能够让每个人把自己最好、最卓越的东西挖掘并发挥出来，敏锐的思想、卓越的能力、高尚的德性、丰富的情感、坚强的意志都从中而生。核心价值观教育的目标就是实现个体自由全面的发展，核心价值观教育的方法应该有利于促进教育目的的实现，保障人的自由权利，实现人的自由状态，张扬生命自由创造的激情。但是人被强迫灌入某种既定的价值观，思想自由和表达自由受到限制，就不可能去探寻充满活力和多种发展的可能生活。密尔的比喻十分恰当，他说人性不是一架机器，一打开就可以毫厘不差地去做被规定的工作，人更像是一棵树，需要按照它内在的力量生长和发展，去创造可能的生活。[③] 自由的缺失在根本上堵塞了核心价值观

---

① 金生鈜：《"规训化"教育与儿童的权利》，《教育研究与实验》2002 年第 4 期。

② ［英］沛西·能：《教育原理》，王承绪等译，人民教育出版社 1964 年版，第 10 页。

③ 参见密尔：《论自由》，程崇华译，商务印书馆 1982 年版，第 63 页。

教育教化的路径，强制使教育因为缺乏诗意的追求，丧失了美好的灵魂教化的意义，成为精神专制的场域。

舍斯托夫在《开端与终结》一书中说："俯身于别人灵魂之上，你们将什么也看不见，在那巨大而幽暗的深渊中，结果只体验了眩晕。"① 当教育在人们面前摆出一副高姿态的强制他人接受的架势，它就俯身于他人的生命之上，轻视人、蔑视人的教育只能带来自身的遗失和"眩晕"。

三、主体间交往的教育范式

灌输教育采用的是主客二元对立的思维方式。笛卡尔创立了主客二分的模式，迎来了"主体性的凯旋"，主体获得了前所未有的地位，成为一切的"中心"——面对自然，显示出"人类中心"，自然成为人类征服和改造的对象；面对他人，原子式的个人表现为"自我中心"，他人被等同于无生命的物成为被我利用的工具。在这样的主客二分模式中，主体性是单一的主体性，他排斥了其他主体的存在，自我之外的一切物和一切人都是"为我"的手段和工具，他们作为客体是受动的，他们为主体的存在而存在的，主体可以对客体进行任意的加工、控制与改造，主体与他们之间是征服与被征服、改造与被改造的关系。同样，在灌输式教育的过程中，教育者作为"唯一"的主体"主宰"着教育的全过程，受教育者是

---

① ［俄］列夫·舍斯托夫：《开端与终结》，方珊译，云南人民出版社1998年版，第112页。

被改造的客体。绝对化的、至高无上的主体仅仅把对方视作被利用的手段和工具。尽管在一定意义上，交往中的任何一方都是另一方满足自己需要的手段，但同时也是目的。如果仅仅把对方当作手段，一方君临天下地发号施令，另一方则完全丧失独立的自我人格，沦为被人改造的物。师生之间本应建立的围绕共同话题的平等自由的精神交往就被异化为一种支配性、驾驭性、控制性的"对象化"活动。

教育应该以师生之间主体间性的交往方式取代极端的主体性、单一的主体性。单一的主体性会在主体与客体发生关系时表现出"自我"中心性，主体间性则是在肯定自我主体地位的时候，也承认和尊重他人的主体地位，在主体之间形成交互主体性。马克思对主体—客体和主体—主体的关系做了清晰的论述，在《德意志意识形态》一书中，马克思指出人类活动有两个方面，一方面是人对自然的作用，即主体对客观世界进行改造的活动，这反映了实践活动的自然性方面。这种实践活动作为人的本质力量对象化的生产实践活动，反映了作为主体的人与客观对象自然界之间的主体——客体的关系向度。另一方面，是人与人之间的作用，即"人们在生产中不仅仅影响自然界，而且也相互影响。他们只有以一定的方式共同互动和相互交换其活动，才能进行生产"[1]。这是实践活动的社会性方面，反映了主体—主体的关系向度。社会实践是"主体—客体"对象性关系与主体—主体的社会交往关系的有机统一。一方面，马克思指出主体—客体的关系只有主体—主体的社会关系

———————

[1] 《马克思恩格斯选集》（第 1 卷），人民出版社 1995 年版，第 344 页。

才有可能。为了改造自然，"人们相互之间便发生一定的联系和关系，只有在这些社会联系和社会关系的范围内，才会有他们对自然界的影响，才会有生产"①。另一方面，主体与主体之间并不直接发生关系，每一个主体都通过与客体的对象化活动而与其他主体发生关系，构成"主体—客体—主体"的关系。所以，主体与主体的交往关系中包含了更加微观的主体与客体的关系，构成了对主客二分模式的超越，形成一种新的范式和思路。② 对象化活动只是主体对客体的占有和支配，是以一方为中心的二元对立关系，这一模式忽略了多极主体的存在以及他们之间的交往关系，这使得主体无法突破"自我"的框架而与"他者"相遇。交往活动则是多极主体以共同客体为中介的交互活动。在价值观教育中，这个客体通常表现为精神客体，即教育者与教育对象都作为平等的主体围绕"共同的价值话题"，进行对话、讨论、探究等交往行为。

不难看出，主体间性为核心价值观教育提供了新的教育范式，它以交互主体取代了中心主体。交往关系肯定了多元教育主体的共在，它要求我们超越极端的、狭隘的主体性，把他人视作与我一样的另一个主体。不仅看到自我之"在"，也尊重他人之"在"，不仅重视自我的价值选择，也尊重他人自由选择的权利，使每个人在精神教育领域中都成为平等的自由人，把"此在"及与"此在"相关涉的其他"共在"都完整地呈现出来。在"自我"与"他者"的"会合"、"相遇"中，没有霸权，没有中心，也不存在不

---

① 《马克思恩格斯选集》（第1卷），人民出版社1995年版，第344页。
② 参见郭湛：《主体性哲学——人的存在及其意义》，中国人民大学出版社2011年版，第201页。

平等的失语和被动的"忍受"。在灌输教育中，教育者作为主流价值观的代言人，为了维护自身的权威，保证在形式上顺利地完成身份所赋予的职责，会努力排斥受教育者观念中与主流价值观不同的思想，藐视教育对象的主体性，剥夺他们独立思考的权利，使自身成为唯一的、绝对的、不容挑战的主体。而交往关系则将教育者与受教育者作为共同的主体，双方均被视为目的，在交往中既诉说自我的价值观，也倾听对方的价值理解，既批判自己不赞同的价值评价，也试图领悟其中的合理性。教育主体之间的关系不再是单向的"输出—输入"，而是多元主体之间相互对话、相互交流、相互促进；人的主体性不再是唯一的、单向度的、占有式的，而是多元的、多向度的"共生"、"共在"关系。

主体间的交往关系在根本上成就了核心价值观教育的目的，核心价值观教育的真正目的是对人的主体性的弘扬，既培养自由自觉的个人，也放眼于具有超越性的类主体。主体间性的交往关系不是要消灭主体性，恰恰是对个体主体性的成全，是个体主体性在主体间的延伸。主体性从一产生就是主体间性，人是在交往中认识自我、反思自我，并完善自我、实现自我的。马克思说过，彼得和保罗正是通过交往的"镜子"，彼此通过对方的存在来反映自己的。自我意识看似是纯粹个人的事情，但它并不是一个人面壁、遁世后埋头苦思的结果，而是在自我与他人、社会的交往中，通过确信他人、确信自己，从他人身上反思自我，从自我的视角审视他人的过程中形成的。哈贝马斯正是在这个意义上把个人的主体性看成是一项"社会的成就"。同时，每个人在多大程度上、在何种意义上投入交往活动，决定了主体性的发展水平和状况。通过交往活动个人能够突破有限的经验自我，通过共在的主体间的深度交往、思想碰撞，能力得到了会聚，视野得到了扩展。马克思说："个人（他们的力量就是生产力）是分散的和彼此对立的，而这些力量从自己方面来说只有在这些个人的交往和相互联系中才能成为真正的力量。"① 可见，倡导主体间性的教育范式，不是要消灭个人主体，而是抛弃"单向化的主体性"，使主体置于和谐的"关系"之中，通过交往使人的自主自由的主体性得到真正的实现。

通过交往，主体与主体之间互相理解，达成共识，由单数的"我"走向复数的"我们"，进而内化整合为"类主体"。类主体作为主体性发展的最高形态，实现了人的个体性与社会性的统一。"在交往中，我不仅感到对自己负责，还必须对他人负责，似乎他就是我，我就是他……如果他的行动不建立其他的自我存在，我的行动也不能建立起我的自我存在……只有在一起，我们才能达到每个人所要达到的目标。"② 主体间交往活动的充分发展必然指向形成一种公共的、为大家所"共享"的东西，"一种内在的、无声的，把许多人纯粹自然地联系起来的共同性"③。交往关系是整合类主体的内在机制，在相互信赖、共同发展的交往中积淀了主体间的聚合性和统一性。在对自我、个人的超越中，延伸出对共同性、整体性价值意义的渴望。

总之，多元主体间的交往关系更加契合核心价值观教育的本

---

① 《马克思恩格斯选集》（第 1 卷），人民出版社 1995 年版，第 128 页。

② Karl Jaspers. *Philosophy*. vol. 2. Trans. E. B. Astition Chicago & London: University of Chicago Press. 1977. p. 52-53.

③ 《马克思恩格斯选集》（第 1 卷），人民出版社 1972 年版，第 18 页。

性。核心价值观教育在本质上是人发自灵魂深处的叩问，这决定价值观教育中教育对象的"可塑性"，不是外在强制的可塑性，而是一种内在生成的可塑性。教师对学生耳提面命、居高临下的灌输方法只能造成心灵的对峙和隔离，使学生成为他人意志的工具。在交往活动中，主体之间在一种完全平等的关系中，彼此敞开心灵，展开人与人精神相契合的主体间的灵肉交流。① 人不是客体的物，人只能用人的方式去教化。

核心价值观教育中的主体间交往活动的方式非常多，但是在多元文化社会中，对话和理解最为基础和重要。

第二节　对　　话

没有了对话，就没有了交流；没有了交流，也就没有真正的教育。②

——保罗·弗莱雷

核心价值观教育是以主体间对话的方式展开的精神交往。从亚里士多德、苏格拉底到伽达默尔、哈贝马斯和阿伦特，从宗教主义者阿奎那到实用主义教育家杜威，他们都有一个共同观点，即

---

① ［德］雅斯贝尔斯：《什么是教育》，生活·读书·新知三联书店 1991 年版，第 2—3 页。

② ［巴西］保罗·弗莱雷：《被压迫者教育学》，华东师范大学出版社 2001 年版，第 41 页。

"多元社会的生存，要求人们秉持这样一个信念：社会各种团体之间要实现相互的理解，必须通过真正的对话来进行，所有公民都必须真心投入到这样的交谈之中"①。对话是多元文化社会中不同主体之间、多元文化之间相互沟通、加深理解和解决冲突的最有效的方式之一。

一、对话的内涵与本质

"对话"一词来源于希腊语的 dialigos。Dia 作为前缀有"两个"的意思，还指"穿越"、"连接"、"之间"，这表明对话发生在二人以上的多个主体之间。"logos"在赫拉克利特和《韦伯斯特英语词典》中都具有"理性"、"思想"和"理解"的含义。因此，"对话"就是穿越或连接不同的主体之间的思想交流方式。

对话一直是东西方哲学和教育学关注的中心问题。先秦儒学推崇"仁"的思想，在《说文解字》中"仁"被解释为"从人从二"，即"仁"是人与人之间在相遇中产生的思想。《论语》中详尽地记录了孔子与弟子之间"问"与"答"的对话教育。在西方教育中，智者苏格拉底十分重视对话在教育中的作用。亚斯贝尔斯十分推崇苏格拉底的对话式教学。他认为在教育史上存在三种基本的教育类型：经院式教育、师徒式教育和苏格拉底式教育。② 经院

---

① Bryck, A.S. *Mussings on moral life of schools.* American Journal of Education. 1996 (2).p.256-290.

② ［德］雅斯贝尔斯：《什么是教育》，生活·读书·新知三联书店 1991 年版，第6—9页。

式教育仅仅限于"传授"知识，教师照本宣科，学生将自己的思想归属于一套可以栖身于其中的观念体系，把"白纸黑字的书本"上一些"明白无误"的"现成的结论答案"带回家，这种教育方式雅斯贝尔斯认为泯灭了学生鲜活的个性。师徒式教育具有鲜明的个人色彩，学生对作为"权威"的师傅的尊敬与爱戴生发出服从的"神奇力量"，师生间构成一种的从属关系。在苏格拉底式的教育中，教师不是从外部施加压力，而是通过师生间平等自由的对话、思想的交流和碰撞，在学生内部激发出一种探索、求知的欲望，所以他的对话教学方法也被称之为"精神助产术"，像接生婆帮助孕妇依靠自身的力量分娩婴儿一样，教育者要启发受教育者独立思考，引导他们自己去发现真理、生产真理。

近代以来，很多学者也从不同角度围绕对话教育展开研究。布伯通过"我—它"与"我—你"关系的阐述，指明对话不是认识论的主客体的对象性思维，而是平等的精神相遇。巴赫金从对话"复调"的角度，揭示了对话中意义创造生成的维度。批判教育学的代表弗莱雷通过对"独白式"话语霸权的批判，阐释了对话的平等、民主、自由、开放的精神特质。诺丁斯的关怀学派从"关爱"的视角，说明对话展开的人性基础。伽达默尔从解释学的角度将对话比喻为参与者坦诚开放自我的"游戏"，在游戏中人们相互理解，形成视域融合。建构主义则从学生主动参与对话过程中的反思、探究、提问、情境设置的策略角度具体研究对话教学的开展模式。

对话是相对于传统"独白式"教学而言的，它在教育者与教育对象之间建立了一种新的关系——"我—你"的关系。布伯指出，在教育中存在两种不同的对待自我与他者关系的态度或方式——"我—它"和"我—你"。"我—它"的关系，原本用于指我和他物之间的关系。"它"用来指称"物"，但是当把他人当作"物"时，"他"就沦为"它"，成为由我占有拥有、支配利用的对象。"我—它"在本质上是一种我对与我相关的他人或事物相对立的关系、一种疏远的状态。在这种关系中，双方是不平等的，我是决定者、主宰者、占有者，它是被决定、被宰制、被占有的对象，我是支配、利用它的主体，它是被我支配、被我利用的客体和工具。"我—它"关系是一种主客体二元对立的关系。"我"与"你"则是完全平等的对称关系，"我不是为了满足我的任何需要，哪怕是最高尚的需要（如所谓'爱'的需要）而与其建立'关系'"①。"我"不是主宰你命运的绝对存在，"你"也是独立的生命、也是"神明"。我不把你当作"为我"的工具加以操纵和控制，而是敞开自我、坦诚相见，去接近你、理解你、倾听你，与你谈心、向你倾诉。"我—你"是一种民主平等、彼此信赖、亲密无间、开放自由的共生关系。"我"与"你"之间精神的相遇和敞开就是"对话"，它实现了主体"之间"logos的自由"穿越"和平等"连接"。真正的对话只能存在于关系之中，它是一种彼此尊重，相互关怀，发自内心地欣赏，自由交流的活动。

"独白"式教学奉行的是"我—它"关系，"它"不是作为一个独立的个体，一个充满活力的生命与"我"在教育场域中激情

---

① ［德］马丁·布伯：《我与你》，陈维纲译，生活·读书·新知三联书店2000年版，第6页。

相遇,"它"仅仅是"我"冷漠地用教条灌输的工具或用知识装载的容器。单一的声音是"我"对"它"的蔑视、管制、规训、利用和束缚,"它"是永远沉默的听众,虽然"在场",但是好像虚无。弗莱雷说:"对话不能被简化为一个人在另一个人中的'储蓄'(deposition)思想的行为,也不能变成有待对话者'消费'(consumed)的简单的思想交流,更不是那些既不投身于命名世界,也不追求真理,但却把自己的真理强加于人之间的一场充满敌意的论战……对话不应成为一个人控制另一个人的狡猾的手段。"①

核心价值观教育的过程并非教育者及其代言的话语自说自话的单向价值输出,也不仅仅是专家、权威、智者们居高临下地客观理性地告知青年一代应该如何如何,它是"我"与"你"之间的相遇相知,一场生命的真实自然的倾诉。巴赫金曾经强调:"单一的声音,什么也结束不了,什么也解决不了。两个声音才是生命的最低条件,生存的最低条件。"② 两个声音才是生命存在的前提,这表明对话不仅仅是教育者与教育对象交往的形式,它本身就是目的。人总是处于社会关系之中,孤立的"我"无法存在,因为"你"的介入,因为与"你"的心灵交流才使"我"成为"我",也使"你"成为"你","我"与"你"的对话构成了我们各自生命的真实存在。正是在这个意义上,弗莱雷指出"对话是人获取

---

① Freire, P. *Pedagogy of the Oppressed*. Translated by Ramos, M. B. London: Penguin Books, 1996. p.70.

② [俄]巴赫金:《陀思妥耶夫斯基诗学问题》,刘虎译,生活·读书·新知三联书店 1992 年版,第 334 页。

作为人的意义的途径"①。伯姆也在《论对话》中指出对话不只是在小问题上做交易，而是真正质疑和反省根植于内心深处的关于事物看法的最根本的思维假定（fundamental assumption）。这些"最根本的思维假设"，他认为包括关于生命意义的假定，关于个体、国家利益的假定，以及关于宗教等信仰的假定。可见，对话是向人的生命的回归，把对方当作一个活生生的人。只有在平等和谐、相互激荡的对话中，生命本真的价值和意义才能被"唤醒"，才能突破"一个声音"的禁锢，使双方生命的在激情碰撞中都得到充盈丰富，教育作为人的心灵沟通的事业的意义也随之而生。

二、对话的基本特征

核心价值观教育本质上是核心价值观与其他多元价值观相互交流、理解、竞争、博弈的对话过程。多元文化社会中核心价值观教育的对话具有民主平等、多元复调、共享生成等基本特征。

1. 民主平等

美国教育家纳什曾经在大学里开设过一门道德对话课程。在这门课程设立之初，学生流失严重，上过几次课后，竟然只有 25% 的学生愿意继续坐在教室里。其中一个主要的原因在于对话中学生们不能彼此尊重。当时纳什收到了一个学生的匿名便条，大意是：我喜欢充满智慧的交谈，而且我不害怕在激烈的对话中，偶尔自我

---

① ［巴西］保罗·弗莱雷：《被压迫者教育学》，顾建新等译，华东师范大学出版社 2001 年版，第 38 页。

会受到一些伤害。但是，我不喜欢课堂上那种威胁性的、好斗的和不尊重的对话口吻。为了给老师留下深刻的印象，得到更高的分数，这里充满了相互的攻击和谩骂，为什么我们不能彼此更加尊重一些?① 后来，纳什对授课中对话的规则进行了调整，他在授课前向每个学生颁发一个"上课须知"，其中特别阐明了"无伤害原则"（primum non nocere），即每个人要彼此尊重，像你被人聆听一样来聆听他人，像他人解读你一样解读他人。纳什揭示了对话中对尊重、支持和鼓励的意义，倡导形成一个"我们之间"的平等对话的团体。

民主平等是核心价值观教育对话的基本精神。"我—你"的对话关系是一种民主、平等、自由的主体间的关系。加拿大教育家贝克认为，民主平等的对话通常包括六个要点：（1）尊重彼此的观点；（2）尊重彼此的传统习俗或"经历"；（3）言论信仰和行动自由；（4）共同决定对话的形式和内容；（5）关心具体的生活经验；（6）通过具体行动（实践）验证。② 可以看出，"民主平等"在教育对话中主要表现在四个方面：一是参与对话的各方主体权利平等，都享有制定话题、参与言说、自由表达、自主评价、自由行动的权利，这些权利涉及表达权、评价权、行动权、文化传统受到尊重、信仰自由以及个性发展等。二是指参与对话的各方主体都具有平等的义务，要彼此尊重、民主协商、耐心倾听、相互关爱、宽

---

① 参见［美］罗伯特·纳什：《德性的探询——关于品德教育的道德对话》，李菲译，科学教育出版社 2007 年版，第 158 页。

② 参见［加］克里夫·贝克：《学会过美好生活——人的价值世界》，詹万生等译，中央编译出版社 1997 年版，第 232 页。

容、信任、谦逊、真诚等。三是在真理面前人人平等。尊重对话各方的观点，不仅仅是对人的权利的尊重，更是一种追求真理的应有的态度。真理的获得需要人们质疑和讨论，并在交换看法中，不断探索、补充完善、趋近更高的真理。四是为了保证上述平等的实现，在实践中建立起一套维护平等对话的规则制度。比如平等参与的具体机制、倾听、表达的具体礼仪等。

没有主体人格上的平等，对话是无法展开的。民主平等的对话精神在根基上就是要把他人的话语视为一种思想立场和生活方式加以尊重、承认，使具有独立人格的主体共同步入我—你的关系中。伽达默尔说："在一个迄今为止未知的、需要倾听而不是评论的视域中把他人当作他人来相遇"是一种道德责任。① 这意味着民主平等具有道德的意义，它是对主体独立性的尊重，是人人应该享有的权利，它揭示了对话的"底线"——人成为完全意义上的人。玛丽·帕克·福莱特在 1918 年出版的《新国家》里的分析很有启发，她说："有个人曾这样对我说，'我是一个很民主的人，在和一个工人谈话的时候我从头到尾都保持着一种愉悦之态'。可是这怎么能与民主扯上边？民主是对人性的信仰，是对每一个活着的生灵的信仰……民主的支持者不是去低下头来拉别人一把，而是要充分认识到，所有的人必须以各自的才智直面相对，彼此之间平等交流。"民主平等就要解构"中心意识"，使每一位参与者都发自内心地心怀对方，把对方视为一个独立的存在，承认他人是与我一样

---

① Gadamer, H.G. *Truth and Method*. G. Barden & J. Cumming, Ed. And Trans. New York：Crossroad. 1984. p.179.

的人，而不是任由我改造或毁灭的对象。核心价值观教育应该具有对人性和生命尊重的民主情怀，反对不平等的迫害和压制，防止霸权话语对其他话语的剥夺和取缔。主流价值观的树立不能靠封闭的"自我独白"，唯我独尊地代替他人说话，这不仅会将"他"变成奴性的"它"，同时也表明自身主体性的异化和不自由，沉湎于自我之中的自己是无法看清自己，也难以提升自己的。① 要打破教育者作为核心价值观代言人的垄断地位和对真理的独占，让受教育者平等地参与到内容的讨论中来，使平等自由对话中所维护的学生尊严和对真理的不懈探索成为教育的重要目标。

在新型的对话关系中，教育者不能把所代言的观点当作一种绝对正确的、终极性的理解由上而下地灌注，而是要真诚倾听学生们的各种见解，要给受教育者话语自由言说的空间，他们不是像泥人一样被任意改造的"它"，而是活泼可爱的、充满活力的和"我"兴趣十足地共同思考、探究问题的"你"。这种关系不再是高高在上、满载知识和智慧的教育专家教导、"罐装"无知的学生，而是各方主体面对共同的话题平等参与、自由讨论，在探索中大家相互促进、相互激发、共同创造。教育场域应该成为一个容纳各种不同思想观念、理论体系自由进出、交流讨论的"公共空间"。在这个领域中，每个人都可以自由地、公开地表达他们的意见，理性地进行对话和协商，民主地讨论各种话题，每个人都有权利和机会亮出自己的观点和思想，享有参与对话和讨论的资格。从地位上看教育者与受教育者都是倾听者和言说者，不断在听者与说者的身份中转

---

① 参见靳玉乐：《对话教学》，四川教育出版社 2006 年版，第 84、85 页。

化，在听与说的过程中都把自己真诚地转向对方，这种转向不只是身体的转向，更是精神的、心灵的转向，从内心深处相互理解。正如波尔诺夫所说的："这是一种听能状态，意味着以虚怀若谷的精神平等地看待对方。这是一种坦诚相见的态度。"① 对话要求主体之间能够确立一种双向、和谐和富有成效的民主对话关系，建构起一个开放的、动态的、自由的"思想场域"。

巴赫金和伽达默尔对这种开放自由的对话做了十分贴切的描述，深刻地揭示了对话的核心与本质。巴赫金将对话比作"狂欢"。狂欢节是在等级森严的官方文化之外的民间活动。"狂欢"的目的是要颠覆官方文化高高在上、不容置疑的地位，把一切被官方文化禁锢和抛弃的思想和观念解放出来。狂欢世界是一个人人平等、没有歧见、自由民主的理想化世界，这里没有权威、没有规训、没有无条件的卑顺服从。在无拘无束的"狂欢"中，人们从话语霸权中解放出来，抛开所有规则的约束，发表最自由、最民主、最多元的狂言，意义世界也由此而丰富多彩、生动可爱。

伽达默尔将对话比喻为"游戏"。游戏不仅是"玩"的活动，游戏还创造了一种自由的、平等的氛围。在游戏中人是完全自由的，"只有当人是完全意义上的人，他才游戏；只有当人游戏时，他才完全是人"② 。自由是游戏的根本精神和灵魂所在，游戏打破了中心话语的种种束缚，使生命自由畅通。在自由的游戏中，没有

---

① ［日］池野正晴：《走向对话教育——论学校教育中引进"对话"视点的意义》，钟启泉译，《全球教育展望》2008 年第 1 期。

② ［德］弗里德里希·席勒：《审美教育书简》，冯至译，北京大学出版社 1985年版，第 80 页。

"中心"，也没有"边缘"，所有的参与者都是平等的。对话教育与游戏的内在精神是一致的，它弃绝任何外在的强迫与约束，所有人都快乐地忘情地投入其中。真正的游戏不是某人指挥下为达到某种既定目标的活动，这样游戏的自由本性就被扼杀了，游戏中的人们只管尽情地玩乐，他们不是实现某人意志的工具。大家都竭尽全力地展示自己的水平，不用为了讨好某些人而伪装，不用为实现他人的意志而勉强自己，游戏是自我天性的真实流露。没有某个权威事先预设游戏的结果，游戏式对话中的师生都从枷锁中超逸出来，陶醉在一场引人入胜的思想交锋中。主客体的界限消失了，每一个人都是游戏中活跃的主体，少了任何一个独特的主体，游戏都不会这样的好玩和有趣。于是，游戏中教育者、受教育者与教育内容浑然一体，在一种超越自己的自由浮动中，尽情体验游戏带来的轻松和愉悦，生命的活力与多彩的便绽放于其中。

2. 多元复调

民主平等赋予"他人"与我同样的话语表达权利，每种话语都作为一种独立的存在在共同的舞台上平等地发音，各方声音的差异性便自然而然地显露出来，形成一个多声部组成的"复调"。"复调"是由巴赫金提出的，他认为，"复调"是全面对话的一个基本特征。在多元文化社会中，不能是一方以神气十足、高人一等的口气对另一方发令，只有"我"与"你"的复调才能形成真正的对话。失去了"你"，只有无数个相同的"我"的存在，"我"失去了心灵沟通的对象，只能陷入自我封闭的状态。只有不同声音的深浅吟唱、高低相合、分层交合，才有对话存在的可能。巴赫金认为，真正的对话是由众多各自独立、相互区别的观念、意识构成的。"声音是不会自我封闭的，不会装聋作哑。他们总是在不停地倾听彼此，互相诉说……与通常方式下一种观念独霸一方的表象是不相容的。"① 可见，对话给多元差异的思想和观念建筑了一个共同的舞台，让"我"和"你"在此相遇、相互敞亮、自由流动，让不同的声音合奏在一起，不同的表达交会在一起，让没有权利的人有机会说话，而不是一切与主流价值观不一致的所有人都伫立于台下，不许出声。一个声音是单调的、贫乏的，它毫无打动人心的力量。

对话的多元复调反映了真理和生活的本性。巴赫金曾说，真理不会存在于一个单一的声音中，或者藏匿于一个个体的大脑里；它诞生于人与人的对话性交往之中，由双方共同探索而得。② 当人们聆听多种声音、理解不同的理解时，才能更加切近事实的真相，真理才会显现。"真实性不能通过独白式的描述来总结"③，核心价值观不能在自我内部生长出来，失去了他者就没有核心可言，核心价值观一定是在多种声音的对话与互动中萌生和创造出来。核心价值观教育也不是在完全纯净的环境中展开的，它必须回归到复杂、多样、丰富的生活之中。生活本身是"复调"的，对话向我们展现的生活现实及可能性也必然是"复调"的。一元的声音只有在与多层次、多角度、多方面、多元化的观念、情感、体验和领悟的"合奏"中，才能更加切合学生的思想实际和生活实际，更加客观真实、引人入胜和富有情趣。

---

① Bakhtin,M.*Problems of Dostoevsky's Poetics*.Ann Arbor.MI：Adis.1973.p.62-63.
② 同上，p.90。
③ Sodorkin,A.M.*Learning Relations*.New York：Peter lang.2002.p.98.

此外，"复调"意味着在多元合奏中，对话各方要明确自己的声音。"我们需要发现自己的声音，同时聆听他人的声音，在众生交响中，我自己确定方向，同时明确自己的声音的位置"①。我要在多元的声音中找到自己的方向，使自己的声音同一些声音交融结合起来，同时也与另一些声音对立、区别开来，这才是多元复调的真意。在众多声音的"博弈"与"合意"中，确定哪些是正确的，哪些是可以接受的，哪些是可以通过协商达成妥协的，哪些能够合并，哪些必须斗争，以及哪里是我的"底线"，哪里是我的方向，我在多元复调中为自身定位，确定我的主张、态度、意见和观念，发出属于我的理性而独特的声音。

3. 共享生成

承认对话的多元复调仅仅只是一个起点。复调不是把多种声音作为一种静态的客观现象呈现在那里，作为对话的"复调"一定是"动态的"，在相互应答、回旋的"互动"与"合奏"中，演绎出一系列生动的事件和意义。"在一次真实的对话中，参加者在对话的开始并不知道对话的结果。……对话是双方共同追求理解、欣赏的过程。……对话永远应该是一个真正的探寻，人们一起探寻一个开始时并不存在的答案。"② 意义通过多元对话，在交流碰撞中不断生成。

苏格拉底、柏拉图的对话，看似是在与对方进行一问一答的交

---

① [加] 卡罗林·希尔兹、马克·爱德华兹：《学会对话：校长和教师的行动指南》，文彬译，科学教育出版社 2009 年版，第 155 页。

② [美] 内尔·诺丁斯：《学会关心——教育的另一种模式》，于天龙译，科学教育出版社 2003 年版，第 33 页。

谈，而且不断追问对方，将谈话引向深入，但实际上，在他们那里，对话的最终指向是在对话之前就已经准备好了的、确定无疑的结论。交谈中，苏格拉底不是思考对方回答的合理性，而是努力寻找和发现他们话语中潜藏的缺陷和矛盾，从而抓住这些问题展开"争论"，"使他们陷于绝望"。最终让对方乖乖接受他为他们预制的真理。因此，苏格拉底的对话不是生成性的，它以得出预先设定的结论为目标。

但是，在伽达默尔那里情况则不同，对话发展到何处去并不是事先确定好的。伽达默尔说："越是一场真正的谈话，它就越不按谈话者的任何一方的意愿而进行。因此，真正的谈话绝不可能是那种按我们意愿进行的谈话……谁都不可能事先知道在谈话中会'产生出'什么结果。谈话达到相互了解或不达到相互了解，这就像是一件不受我们意愿支配而降临于我们身上的事件。正因为如此，所以我们才能说，有些谈话是卓越的谈话，而有些谈话则进行得不顺利。"①"我"受"前见"的局限，提出我的意见，"你"受你的理解前结构的影响，提出你的看法，我们并不知道大家之间的对话最终会达成什么结论，我们始终是在对话之路上行走的探索者，努力趋近更为合理的、全面的答案。结果的不确定性使人们始终在途中寻寻觅觅、上下求索，因此，我们不是抱着批倒他人观点的目的进入对话，我们更多的是关注他人言说的合理性而非矛盾性，希望借助他们意见的合理性扩大、丰富、深化我们的"理念"。

---

① ［德］伽达默尔：《真理与方法》，洪汉鼎译，上海译文出版社 1999 年版，第 489 页。

苏格拉底与伽达默尔不同的对话方式，实际上揭示了教育对话中预设性与生成性的矛盾。我们要承认，核心价值观教育具有"预设性"和"计划性"的一面。在教育活动开始之前，课程标准、教学大纲早已制定了明确的教育目标，教育活动要朝着制定好的目标展开。但是在实际教学过程中，由于教育对象的参与，教学交往活动的动态过程中总是充满了很多不确定的因素和不可预测的成分。事先设定的目标、内容和方法不是终极性的、固定的，经由对话，个人的观点可能转向对立的一面，也可能与其他的观念调和，或者产生一种更好的理解。如果教育活动从开始到结语、从提问到每一个回答得出什么结论，都按部就班、原封不动地操作，那么教育只能算是流水线上机械死板的、毫无生气的操作规程，而不是充满着生命激情的意义世界的不间断的生成。面对各种可能，教师要随时根据教育对象的具体情况以及教育过程的进展，不断补充、生成、丰富一些新的教学目标和内容。对话应该是开放性的，就像一场没有预演过的探险历程，指引大家围绕一个话题行进，但又不设定一个封闭性的目标，不是到达某一点就停止，而是永远留给探索者一个敞开的空间，鼓励永无止境地探索。因此，对话的目的不在于教会某种确定的知识，而在于由对话激起环环涟漪，引向更丰富、更深入的对话。核心价值观教育是预设性意义与生成性意义双向互动的建构活动。给定的、确定的预设性意义与创造的、开放的、流动的生成性意义，这两种意义相互交融、相互修正、相互补充，但又不完全重合。

对话的生成性主要是指它可以吸纳不同的力量孕育出新的意义，创造出新的思想，显露出一些新的精神。多元复调的对话不单纯是意义的传递，不同的思想观念相互作用能够创造出新的意义，因而，它在本质上是探索性的，人们可以不断地探索和发现，获得新的视域，为对话增添新的意义。对话与辩论不同。伯姆辩论比作打乒乓球，争来争去，目的不是欣赏、学习对方精湛的球技，而是要把对方打败，让自己获胜。在这种活动中，双方是相互对峙的关系。对话有着另外一种不同的精神，"参与对话意味着一个人要和对话中的同伴就共同的主题进行探讨。它要求人们不要试图辩倒对方，而是应当认真去考虑他人观点的合理性"①。对话的目的不是用最高明的手段攻击对方取得巨大的胜利，将敌人打得落花流水，而大快人心。对话中的"对"不是"对抗"、"对峙"、"敌对"，而是"相对"、"面对"。对话主要不是攻击对方的缺陷和自我保卫的交互活动，而是共同讨论思想中正确的东西，或者吸纳彼此想法中好的内容，以别人的优长，补充自我的智慧，创造一种有待发现的真理，它追求的结果是主体之间在经验的分享中共赢，即人人都是赢者，大家相互造就、共同提升。伯姆还举了爱因斯坦和珀尔这两位物理学家的例子进行论证。珀尔认为自己量子力学是绝对正确的，爱因斯坦也只坚信自己的相对论，他们各执一端，都坚持自己掌握的真理具有唯一正确性。如果可以穿越历史，让他们进行一场真正的对话，倾听对方的见解，或许能够突破各自的局限，创造新的发现。对话可以使参与者超越其特定观念与文化所带来的封闭性和片面性，走出个人的局限进入宽阔的共同空间，获得多重思考问

① Gandamer，H.G. *Truthand Method*. J. Weinsheimer & D. Marshall，Trans. New York：Continuum. 2002. p.367.

题的维度，创生出新的思想。一棵树摇动另一棵树，一朵花开向另一朵花，"思维于是就像潺潺之水流淌于对话者之间"①。因此，对话中形成的真理绝不是某一个言说者或某一派别的话语，也不是人人都各有自己的想法，试图去劝导或说服别人接受自己的想法，它是一种分享的真理，是所有参与者"我们坐到一起来相互交流，进而创造出一个共同的意义；我们既'参与其中'，又'分享彼此'，这就是共享的含义"②。在对话中，师生、生生之间自由地交换意见，在相互应答的交往活动中，形成一种具有高度内聚力的精神能量，产生一种自我生长的内在机制，引向当初意料不到的更深邃、更丰富的内容。各教育主体之间的质疑、挑战和分歧，不再被视作相互间的"敌对"和"威胁"，而是一种发展的"机遇"和共享的"资源"。对话中虽然存在不同观念之间的冲突、争论和辩解，但是大家共同参与、分享差异，在围绕一个共同问题的深度的精神相遇中，人人都从中学习和成长。

对话的生成性还意味着一种无限性，对话本身是持续性的，它没有终点。巴赫金说："当对话终结之日，也是一切终结之日。因此，实际上对话不可能结束，也不应该结束。"③ 对话总是处在一种未完成的状态之中，总是在对话主体的所思、所想、所感、所惑、所悟中生发出新的东西，达到罗蒂所说的"更完善"（fuller）。所以，对话不是急躁草率地形成一个封闭的结论，而是大家共同深

① ［英］戴维·伯姆：《论对话》，王松涛译，教育科学出版社 1995 年版，第31 页。
② 同上书，第 33 页。
③ ［俄］巴赫金：《诗学与访谈》，白春仁等译，河北教育出版社 1998 年版，第 340 页。

化和丰富他们对某类事物或行为的理解，这是一个永无止境的过程。

三、对话的精神之维

核心价值观教育的对话需要对话主体具有坦诚、信任、谦逊、宽容、关怀等精神品质。

宽容。在多元文化社会的价值观教育中，对话应该秉持宽容的态度。宽容是"容许别人有行动和判断的自由，对不同于自己或传统的观点的见解的耐心公正的容忍"[1]。这意味着在对话过程中要反对独断意识的霸权，摒弃以一方意识压制他人意识的中心话语的思维方式，要对合理的多元价值观和生活方式持有承认、容忍、体谅、理解和接纳的态度，允许其他价值观在一定范围内的合理存在。因此，宽容是一种态度、一种心境、一种行为方式，也是"一种以价值多元化为基础的理性化的观察和分析问题的方法"[2]。宽容可以为多元价值观之间的对话营造一种和谐、宽松的氛围，让各方主体处于安全自由、相互信赖的心理状态中，这有利于某些被遮蔽的、潜在的价值观得到澄明，让对话中迸发的多元差异的思想观念，甚至离奇的、异想天开的、不守成规的"火花"产生积极的力量。总之，宽容是处理价值差异、矛盾和冲突时所表现的"一种成熟通达的美德和境界"[3]。

---

[1] 《大英百科全书》（第 26 卷），第 1052 页。

[2] 贺来：《宽容意识》，吉林教育出版社 2001 年版，第 7 页。

[3] 同上。

对于多元文化社会的核心价值观教育而言，宽容精神是民主平等的对话必不可少的内容。不管你赞同还是反对他人的观点，都必须尊重他人独立的人格权，赋予他人平等的表达权利。限制或束缚各方言论、评价或行动的自由，就是剥夺他人的权利，就是对他人的不宽容。这正是伏尔泰所说的，"我不赞成你说的，但是我支持你表达你的观点的权利"。宽容意味着让对话主体充分发挥自主性，独立思考、自由判断、自主评价，从而获得精神上的解放。相反，不宽容意味着专制，意味着对民主权利的破坏。没有宽容就不会有真正的民主。

宽容是自由的前提，没有宽容就没有自由。"现实的自由，从来不是仅仅个别人的自由，每一个个别人都只在别人是自由的时候才是自由的。"① 一元价值观的强制灌输只开辟了一条通道，让自己可以自由地横行无阻，而其他的价值观都没有获得通行的许可证，被挡在外面不能自由言语。一元价值观看似可以不受限制地自己做主，但是它的所谓的自由是以其他各方的不自由为前提，以对其他各方自由的贬损为代价的，当然在现代社会中也必然遭到各方的反对与抵抗，不可能实现现实中长久的自由。在多元民主社会中，一种自由必然受制于其他同等的自由，自我自由的权利与尊重他人自由的责任是同时存在的。价值观教育作为一个公共领域，要容许不同的思想和言论自由地争鸣，合理地发展，共同展示各自的风采，否则就会走向自由的对立面——奴役和压迫。

宽容可以增强对话的开放性。"对话者应该打开自己所有的触

---

① 刘放桐等：《新编现代西方哲学》，人民出版社 2000 年版，第 363 页。

角,'甚至愿意漠视你自己的心智所向往的东西,使它对它没有料到的思想开放'(利奥塔)。"① 对话就是一种开放、自由的理性精神和态度,开放性所容纳的多元、综合、差异可以突破个人理性的有限性,形成一种发展性、建构性、公共性的话语。个人的认识总是具有一定的局限性,开放性可以使人们超越对自我的关注,发展到关心同一场景中其他多元主体的利益、需要和价值取向,在更广阔的视野中,去感受与我共处的他者的人格冲突、利益分化、见解分歧,从而不断拓展认识的范围,在共享与批判中纠正偏差、吐故纳新。具有开放精神的宽容可以使人们更加理性、全面、客观地对待一切人类文化的优秀成果,使核心价值观成为一种更具有包容性、更加成熟的价值话语。

宽容不是消解和否定核心价值观由于自身先进性所凝聚的支配、统治力量,反而有助于它的形成和发展。宽容不是相对主义的"怎么都行",它并不取消善恶美丑的基本标准,或对"所有存在的即合理的"全盘接受。宽容不是无原则的"迁就",不是让真善美与丑恶、卑劣、不正当具有同等的存在价值,满足于诸神的混杂喧闹、自说自话、各自为政。宽容是有是非立场的,它通过提供宽松的环境,让参与者对自身认同的价值和别人所坚信的理念都审慎思考、反思批判,最终的目的是在广阔的视野中作出更为理性的价值判断,选择更加先进的价值观作为生活的信仰和行动的指南。因此,宽容超越了尊重各自话语权的道德意义,将人们引向多元话语

---

① 陈向明:《质的研究方法与社会科学研究》,科学教育出版社 2000 年版,第384 页。

中严肃、深入的理性思考。如伏尔泰所言："由于他们不是疯狂者，所以开始值得被宽容。"① 宽容正视了差异，深刻反思了差异，便会在多元价值观的"联结"中凝聚了一种"普遍性"、"合理性"的向度，以友善、理解、尊重的对话方式，促进先进价值观的形成与发展，从而也彰显出自身的"不偏执"、"厚德载物"，又"是非分明"、"立场明确"的精神气质。

关怀。我与你相遇的对话，不仅是我与你彼此理性的激荡，也是我与你情感的交流与沟通。

关怀是对话的基础，甚至关怀就是对话本身。弗莱雷认为"缺乏对世界、对人的挚爱，对话就不可能存在"②。在英语中，"关怀"一词多用 care 表示，care 具有 feeling（情感）和 ampathy（移情）的意思。作为一种情感，关怀表达了对自然、对他人、对世界的关心、关切和爱，也就是利维纳斯说的非冷漠（nondifference）。关怀不是迫于外在压力的强制或某种身份、职业的使然，关怀是发自内心的由己而生的心怀他人的情感。充满关怀的对话是心灵之间的抚慰，它使对话参与者相互体贴、相互关心、彼此信任、紧密团结。关怀可以减少核心价值观教育中的专横、霸道之气，充满了人性的温暖与柔情。同时关怀在一定意义上包含着责任和使命。爱不是虚幻的，对话中大家围绕一个共同关心的话题进行讨论，对问题的现状、严重性、影响的交流使人们深深感到自己身上一分沉甸甸的担子，激发起一种义不容辞、用于担当的责任感。

① ［法］伏尔泰：《论宽容》，蔡鸿滨译，花城出版社 2007 年版，第 35 页。
② ［巴西］保罗·弗莱雷：《被压迫者教育学》，顾建新等译，华东师范大学出版社 2001 年版，第 38—41 页。

"先天下之忧而忧，后天下之乐而乐"就是典型的例证，出于爱，个人的喜乐和行为已经与国家、民族的前途和命运紧紧相连。海德格尔的话是深刻的，关怀既是人对其他生命所表现的同情态度，也是人对其他生命的严肃的考虑。因此，关怀不仅是一种爱心的传达，是一种对真挚、美好、崇高的情感，在更深的层次上意味着因爱而生的承担起自身责任的一种态度和行为方式。

核心价值观教育的关怀源于对受教育者个体生命的关切，是一种对生命存在的敬畏与责任。核心价值观教育的目的在于对生命意义的挖掘和启迪，这一目的决定它不是一种纯粹的理性教育，而在本质上是一种对人的精神世界的终极关怀。诺丁斯的话是深情的，关怀是人类的一种存在形式，关怀是最深刻的渴望，关怀是人世间所有的担心、忧虑和苦痛，我们每时每刻都生活在关怀之中，它是生命最真实的存在。[1] 关怀使教育者能够不以"物"的方式对待学生，不把学生看作一系列的名字符号、角色符号、学号符号进行冰冷的、机械的灌注，而是将其视作真正的人，作为完整、生动的生命个体，真正心怀对方，疼爱、呵护他们的成长。

对话中的关怀具有主体间性。墨菲指出："从道德与文化的层面上看，关心是关于我们如何看待他人并与他人交流的一种信仰。"[2] 关怀不是单向度的，而是关怀者与被关怀者之间相互关心的双向关系。关怀是处于关系当中的一方努力地满足另一方的合理

---

① 参见内尔·诺丁斯：《学会关心——教育的另一种模式》，于天龙译，科学教育出版社 2003 年版，第 23 页。

② ［美］玛多娜·墨菲：《美国"蓝带学校"的品性教育——应对挑战的最佳实践》，周玲等译，中国轻工业出版社 2002 年版，第 218 页。

需要，并得到其回应及反馈的过程。这种关系行为，一方面取决于关怀者作出的关怀是否符合被关怀者的需要，并且把关怀以恰当的方式顺利完满地传达给对方；另一方面也依赖于被关怀者是否愿意接受，并作出某种反应。在这个关系中，关怀者的表达和行动与被关怀者的接受和反应是一个平等的相互作用的关系。付出关怀不是一种居高临下的"恩赐"和"施予"，而是关怀方出于真诚的关切，真心去体察他人的需要和状况，积极地加深相互间的理解。被关怀者也不仅仅是被动地接受，而是对给予的关怀以一定的方式予以回应，就此双方展开一场基于相互关怀而生发的对话交流，双方都投入其中，有付出也都有收获，由此产生一种相互依恋、彼此信任的亲近关系。

　　具体分析，实现核心价值观教育的"关怀"有两个关键点，一个是移情，一个是专注。移情也叫做"共情"。金奇洛和斯坦伯格曾指出，身在学校之人，需怀共情之心，是指教育者在理性认识的同时，在情感上也要深入对方的内心去感受他人的快乐、苦恼、忧虑、悲伤和沮丧等情绪和各种体验，进而进入他们的精神世界，理解他们的生活并把这种理解传递出去与对方共鸣。因此，共情不仅仅对他人表达一种同情，分享他们的喜怒哀乐，更是将心比心，设身处地地理解他人、善待他人。不知不觉中，他的理解和我的理解、他的情感与我的情感、他的反应和我的反应好像已经融为一体，我渐渐觉得自己的世界已经和他们的世界不可分割地交织在一起。专注是指出于爱，关怀者关心并严肃思考被关怀者的事情。倾听是专注的一个关键环节。对话不是单向度的训话，它首先是真诚地、共情地倾听对方的观点、意见、情感、思想和欲求。庄子在

《人世间》中说："无听之以耳，而听之以心。"用心倾听是关怀他人生命的一种方式、一种态度。教育者要全身心投入，以一颗虚静之心、关爱之心深入教育对象的心灵，感悟、体味其生命的涌动、波澜和成长，并在相互的情感、理解和行为的反应中实现精神上的融合，共享并创造一个新的意义世界。

第三节　理　　解

对话的核心是理解。对话就是一种理解与另一种理解之间交流的过程。换句话说，理解的过程就是不同的理解之间对话的过程。

一、理解：人的存在意义的追问

相对于科学教育，价值观教育有一个显著的特征就是解释性。科学教育的主要任务在于描述客观事实和揭示客观规律，它通过反映的方式来把握。核心价值观教育的主要目的不是掌握知识，而在于探索生活的价值与存在的意义。核心价值观教育要想真正走进人的精神世界必须借助于理解，意义的形成不能通过外在意志的强加，也不能依靠机械的记诵，意义是通过理解获得的。理解是核心价值观教育正确的、有效的实现方法。

解释学的方法可以合理地说明价值问题。作为人文科学研究的基本方法，解释学是关于意义理解的哲学理论，它以意义的探索和解释为使命。"现代解释学的最终目标不是建构关于自然世界的理论（或工具性的解释理论），以提高人类控制自然进程的能力，而是通过解释取得一种更全面的自我理解，因而使人类达到更大理解的不可缺少的途径。"① 认识论通过反映的方式认识客观真理，解释学以理解的方式阐明存在的意义。解释学的方法更为契合多元文化社会中的核心价值观教育活动。

1. 从认识论到本体论的转换

在西方，"理解"一词的词根 hermes 来源于古希腊神话中神的信使赫尔墨斯的名字。赫尔墨斯的任务是将诸神的旨意传达给尘世间的人们。但是神的语言与人的语言不同，赫尔墨斯不能只是简单地复述神的话语，他必须承担解释的任务，把隐晦的神谕转换成凡人能够理解的语言，才能完成信使的使命。因此，理解的最初意义是把一种语言翻译成另一种语言，让对方理解。核心价值观教育的"理解"不是这种"语言翻译"的意思，"翻译"与人的意义没有直接的关系。

核心价值观教育的理解也与理性主义的理解含义不同。理性主义把理解视作人的理性认识能力，即通过明晰的逻辑、严密的推理等实证科学的方法达到对文本不偏不倚的纯客观的解释。这种理解是用自然科学的认识方法认识人的意义世界，用处理人与物关系的原则对待人的问题。被理解的对象是客体，它外在于主体。理解被对象化，陷入主客二元的模式中，被简化为一种客观性的机械反映，人的精神世界的本相被遮蔽了。

理解遗忘人的状况直到狄尔泰这里才得到了扭转。狄尔泰认为

---

① 滕守尧：《文化的边缘》，作家出版社 1997 年版，第 58 页。

理解不是自然科学意义的事实认识，而是人文科学的方法论，是人获得自我认识的基本方法。理解的对象不是直接的自然事物，而是人的精神世界。狄尔泰认为精神科学是一个与自然科学性质完全不同的领域，它需要建立自身独特的方法论，即所谓的"我们说明自然，我们理解精神"①。"说明"是自然科学通用的解释方法，"理解"则通过人的内在体验进入人们的精神世界，这是两种根本不同的原则，各有其不同的适用范围。狄尔泰的"理解"突破了理性主义客观认知的局限，由外在于人的科学工具进入人内在的精神领域，能够追溯文本创作者的生命体验。从此，理解回到人的基点，成为人文科学研究的基本方法，解释学作为关于理解的科学被发展起来。

到海德格尔这里，解释学的研究发生了一个根本性的转折，转向本体论。理解不仅仅被当作狭义的方法论，而是具有了与人的存在相联系的本体论意义。海德格尔认为理解是"此在"的人的存在的基本方式，"理解是此在本身的生存论意义上的存在，其情形是：这个于其本身的存在展开着随它本身一道存在的何所在……理解向来关涉到此在作为在世存在的整个展开状态，所以，理解的'置身'乃是整体筹划的一种生存论上的变形"②。当人在对存在表示关切，询问为什么存在以及怎样存在才有意义的问题的时候，人就存在于关于存在的理解之中了，理解就是"此在"对自身存

---

① 转引自洪汉鼎：《诠释学——它的历史和当代发展》，人民出版社2001年版，第105页。

② 洪汉鼎：《理解与解释——诠释学经典文选》，东方出版社2001年版，第112—114页。

在意义的领悟与思考。而且这种对"此在"的思考不是当下存在状态的平面化、静止化的描绘，而是一种"能在"，是一种现在尚不是但将来可能是的东西，是人向着未来的可能性来理解自己的存在、"筹划"自己的存在，成为它所"能是"的东西。由于海德格尔将"理解"置于人的存在的基本方式的高度，就超越了主体与客体、精神与存在的二元对立，将理解导向人的存在意义的本体论方向，建立起本体解释学。

伽达默尔继承了海德格尔对理解的本体论思想，强调解释学是以"理解"为核心的哲学，建立了哲学解释学体系。伽达默尔通过对"此在"的时间性与空间性分析，理解的视阈被极大地扩展了，他将理解、存在与历史统一起来，于是，理解置身于历史的效果之中，遍及于人和周围一切的关系之中，发生在生活的方方面面，它能够用以证明人与自身、人与世界、人与历史、人与传统、人与语言、人与教育等众多关系。在伽达默尔那里，解释学不仅是人文科学的方法论，而且是一种将自我融入历史之中，解释人与世界关系的自我解蔽的本体论研究。

综上所述，可以看出作为追寻主体存在意义的核心价值观教育与理解有着不可分割的密切关系，只有用解释学理解的方式才能说明核心价值观教育发挥作用的机制。

2. 理解的机制：视域融合

传统的核心价值观教育认为，教育者应该完全按照课标、大纲和教材规定的教育内容的原意进行理解，再将这些理解原封不动地传递给教育对象，相应地，教育对象对教育者的"传授"也要不假思索地照单全收，这样可以保证教育过程中没有任何"损失"，就好像杜威说的搬运砖头，一个人把砖头传递给另一个人，传递的过程中物质没有任何变化。这种教育是"复制"，不是"理解"。教育中真正的理解要"复杂"得多，一方面，教育者有着自己对教育内容的"理解"，存在着教育者的理解与教育内容原初的本意是否一致的问题。另一方面，每个教育对象由于生活环境、认知水平和思维方式不同，几乎每一个人在"接受"这些内容时都会产生一种特殊的理解：他可能正确地理解了教育者的理解，也可能远离，还可能对这些内容提出质疑和挑战或者创造了一种自己的理论学说。于是，教育过程中的"理解"复杂多变，一种理解总是被另一种理解"影响"，被另一种理解"修正"，对话就是各种理解之间复杂的交流过程。

"前见"构成理解的前提。在教育者对文本进行理解以及教育对象接受教育之前，他们的地理环境、文化背景、生活境遇、家庭状况、风俗传统、知识水平、所在民族的心理特点和性格特征等都作为"前经验"影响着他们的理解。这些视域结构和"前经验"被海德格尔称作"前有"、"前见"或"理解的前结构"，被伽达默尔称之为"成见"。"前见"使得任何理解都不是始于空白和虚无，任何理解都是在"前见"的基础上建构的，"前见"构成了人的理解结构的一部分。①

"前见"是应该被剔除的"偏见"，还是理解的前提或推动理解发展的动力，一直存在着两种对立的看法。"复原说"主张对作者原意准确无误的理解。施莱尔马赫说："解释的首要任务不是要

---

① 参见靳玉乐：《理解教学》，四川教育出版社2007年版，第13—15页。

按照现代思想去理解古代文本，而是要重新认识作者和他的听众之间的原始关系。"① 德罗伊森指出："最大的危险就是我们无意中带入了看待我们时代的观点和前假设，现在影响了我们对过去的理解。"② 他们认为要消除人们依据当下的认识理解文本产生的一切"误解"，保持理解的历史客观性。解释者要放弃自己的思维成见、情感态度和基于具体境况产生的个人化的观点，"超越"、"消灭"自己的前见，采用一种谨慎的方法，从自己的历史文化传统、知识结构、思维方法和行为方式中"脱身（disengagement）"、"分离（disconnection）"，回到作者所处的时代环境，一板一眼地在原始的意义结构中，在每一点上准确地重现作者赋予作品的固有意义，以至达到狄尔泰所说的比作者自己还要好地理解他的意思。

与保守派不同，海德格尔和伽达默尔努力为前见和传统恢复名誉。他们认为"前见"是理解的基础和前提。人自降生就处于历史和社会定制的传统之中，无论是作者还是理解者都有各自的成见，都不可能抛弃这种成见而存在。海德格尔说："解释向来奠基于先行视见之中，它瞄着某种可解释状态，拿先有中摄取到的东西'开刀'。被领会的东西保持在先有中，并且'先见地'，通常作'谨慎地'被瞄准了……把某某东西作为某某东西加以解释，这在本质上是通过先行具有、先行视见与先行掌握来起作用的。解释从来不是对先行给定的东西所作的无前提的把握"③。伽达默尔也指

① 洪汉鼎：《理解与解释——诠释学经典文选》，东方出版社2001年版，第56页。

② Droysen.*History and the Historical Methed.* HR.p.129.

③ ［德］海德格尔：《存在与时间》，陈嘉映等译，生活·读书·新知三联书店1999年版，第175—176页。

出："一切理解都必然包含某种前见。"① 解释者根本无须丢弃内心已有的"前见"，因为"偏见并非必然是不正确的或错误的，并非不可避免地会歪曲真理。事实上，我们存在的历史性包含着从词义上所说的偏见，为我们整个经验的能力构成了最初的方向性。偏见就是我们对世界开放的倾向性。它们只是我们经验任何事物的条件——我们所遇到的东西通过它们而向我们说些什么"②。一部作品作为一种客观存在呈现在不同时代或同一时代的不同读者面前，但是这并不意味着它是一种超时代、跨历史、永恒的形而上学，对它而言有多少个读者就有多少具体的人基于具体境遇的具体理解，这些理解都不可避免地带有各自的历史所造成的倾向性，同时这些各具形态的、有限的理解交会碰撞又形成某种普遍的整体性理解，加入到对作品的理解中，融入无限的继承历史、开创未来的生活中。由此，承认前见存在的合理性是对待人类历史有限与无限的存在方式的应有态度，这就是伽达默尔的"作为历史效果"——"理解或有效的认识是从历史并在历史中得到的"③。所有的理解都内嵌于历史之中，任何人不可能逃出自己身处的传统与历史，如若拒绝前见，否定传统，不仅不能把握理解的发生条件和作用机制，也割断了文化发展的历史延续性和流动性。

在核心价值观教育中，教育者和教育对象都是承载了历史和文

---

① ［德］伽达默尔：《真理与方法》，洪汉鼎译，上海译文出版社 1999 年版，第 347 页。

② ［德］伽达默尔：《哲学解释学》，夏镇平、宋建平译，上海译文出版社 1994 年版，第 9 页。

③ ［德］伽达默尔：《哲学解释学》，夏镇平、宋建平译，上海译文出版社 2004 年版，第 5 页。

化积淀的人，他们通过持续的教化过程不断摄取文化传统，丰富着内在的经验，他们不可能站在历史之外无中生有地来理解教育内容。"前见"是教育主体对文本以及他们之间相互理解的前提，教育者的教育和受教育者的学习都必然要借助已有的"前见"展开，所有的意义都是在"前见"基础之上的建构。

视域融合是理解生成的机制。在传统的核心价值观教育中，理解就是复制"原意"的过程，它不允许有任何"不同的"、"偏离的"、"歧义的"、"创生的"因子。作为国家意志的教育文本具有先验性和权威性，整个教育活动的展开必须尽可能地再现课程设计者的原始意图和立场。然而，在多元文化社会中，作为意义建构的核心价值观教育的理解不是以教育文本为中心的，它应以参与理解的人为中心，这是对理解是"此在"的存在方式的本真的理解。理解不是机械地复原课本的原意，参与者对文本的理解具有充分的能动性，他们能够创造性地探究、延伸文本所指示的各种可能性。美学大师姚斯说："在作者、作品与读者的三角关系中，读者绝不仅仅是被动的部分，或者仅仅作出一种反应，相反，它自身就是历史的一个能动的构成。一部文学作品的历史生命如果没有接受者的积极参与是不可思议的。"① 教育内容要富有生命活力，必须开放地面向所有理解者，使其内容蕴藏的精神意义从客观内容与教育对象参与的辩证关系中生发出来的。一方面，教育内容的意义特别是精神世界的教育只能靠参与者的理解，而不是反应来实现；另一方

---

① ［德］H.R.姚斯、［美］R.C.霍拉勃：《接受美学与接受理论》，周宁等译，辽宁人民出版社 1987 年版，第 24 页。

面，理解能够通过此在意义的揭示，塑造教育对象。"理解就是在本文前面理解自我。它不是一个把我们有限的理解能力强加给本文的问题，而是一个把我们自己暴露在本文之上并从它那里得到一个放大了的自我。"① 人们看似是在阅读文本，学习一段教育内容，但实际上，他是通过阅读、学习反观自己、认识自己、端详自己，他总是在不停地思考我是否同意作者的观点，如果我是他，是否会像他那样生活，是否会作出他那样的选择，这正是理解作为揭示"此在"存在的本体论的深刻意义之所在。理解不是认识论意义上的一种认识、学习的方式，而是理解者对自身存在意义的思考。可见，文本意义的实现，并不在于文本自身，它必须返回理解者，经由理解者将其以独具特色的形态建构进属于他的存在样态中才得以可能，否则就只不过是外在于人的死的语言符号的堆砌而已。

以理解者为中心使核心价值观教育的理解成为一种能动性、生成性和开放性的解释过程。核心价值观教育的理解应该具有能动性，表现出教育对象对教育内容积极地思考和回应。王昌龄在《诗格》中提出"诗有三境说"能够清楚形象地说明受教育者对内容解读的主动性状态。"诗有三境"——"物境"、"情境"和"意境"。三境表明了理解的三种状况："物境"强调表面的"形似"，主体重视的是对内容本身客观、忠实、准确的反映。"情境"乃是受教育者将个人的情感、人生的感悟渗透到文本的理解中，这就在客观的内容之外，加入了个人主观的维度。"意境"则是"张

---

① ［法］保罗·利科尔：《解释学与人文科学》，陶远华等译，河北人民出版社1987年版，第147页。

之于意而思之于心"，是受教育者将自我生命和灵魂的"整体震颤"融入到理解之中，形成一种对生命意义和精神世界的深度的、完整的、总体的把握。核心价值观教育的理解不是"物境"的"形似"，不是简单的机械复制，它始终是一种能动的创造性行为，核心价值观教育的理解也不仅限于"情境"中朴素情感的原始表达，而是要通达"意境"的心灵的开显，这是一种有深度的教育理解的要求。

核心价值观教育的理解具有生成性，是多极主体通过视域融合创生意义的过程。伽达默尔说："理解不仅仅是一个再现而是一个生成的活动。"① 每一个人的前见是理解的基础，都构成一个独特的"视域"。在教育过程中，每个人都从自己特定的视域出发，与他人的视域相互交合、相互作用。理解的过程就是不同视域间的对话与交流，在对话与交流中不断突破个人原有的视域，在更广阔的范围内融合成一种更具普遍性的视域的过程。视域融合如伽达默尔所指出的："它允许相异的视域变成自己的视域，而且并不是通过批判地破坏相异的视域或非批判地重建这种视域，而是用自己的概念在自己的视域之中解释这种相异的视域，从而给予它新的有效性来完成这种任务。"② 视域融合的过程是一个各种视域之间持续的相互修正的过程，前理解形成了个人独特的价值理解，同时前理解又不断地被相异的视域修改，同化各种各样的意义，注入不同视角

---

① ［德］伽达默尔：《真理与方法》，洪汉鼎译，上海译文出版社 1999 年版，第 296 页。

② ［德］伽达默尔：《哲学解释学》，夏镇平、宋建平译，上海译文出版社 1994 年版，第 94 页。

的经验，形成更为丰富的理解的综合，于是理解越来越深入、全面，生成了一种超越文本内容的原意和理解者已有的前见的新意义。所以，伽达默尔认为理解是生产性的、创造性的。对话中的你言我语，不是简单的信息传递，而是在自我与他人的勾连中，不断超越和纳取，由个别性向普遍性提升，由单薄、贫乏走向丰盈、饱满。于是"理解"将自我与他人、主体与客体及过去、现在与未来都融为一体，构成了一个无限的、敞开的、交融的视域。

核心价值观教育的理解具有开放性。理解的生产性意味着理解是一个开放的、流动的和不断创新的过程。保守解释学认为，所有的理解都是一个封闭的循环结构，通过剔除前见，消除"误解"，最终人们可以准确掌握全部的意义，达至"完全理解"的境界，然后在完美理解的时刻永远停止。现代解释学认为，理解永远不会结束或达到完整、完全、终极的地步。加拉格尔说："文本的理解永远是一直由前结构的有所期待的运动所决定。整体和部分的循环不会消失在完美的理解中，正相反，这一循环得到非常充足的实现。"[1] 伽达默尔也指出："对一文本或艺术品真正意义的发现是没有止境的，这实际上是一个无限的过程。不仅新的误解被不断克服，而使真理得以从遮蔽它的那些事件中敞亮，而且新的理解也不断涌现，并揭示出全新的意义。"[2] 理解永远不会停止，永远不可能被完成，它是无限的螺旋上升、循环不已的运动。每个人的经验

---

① 〔美〕肖恩·加拉格尔：《解释学与教育》，张光陆译，华东师范大学出版社2009年版，第51页。

② 〔德〕伽达默尔：《真理与方法》，洪汉鼎译，上海译文出版社1999年版，第460页。

是有限的，每个民族的经验是有限的，每一个时代的经验也是有限的，在跨越历史、超越时空的视域融合中，人们的思想不断超越自身、超越现实、超越地域，扩展到更大的意义循环之中，并在新的结构里继续被挑战和修改，从而获得了无限发展的可能。如果认为一种"理解"能够发展到极致，就杜绝了理解被重塑、修正和改造的可能，那么人的思想就会蜷缩在一个有限的、封闭的、狭窄的、固定的领域里，"此在"的存在就被禁锢了。只有当理解性的交流持续存在并深化，学习才能发生并延续。在学习的每一个阶段，学生只是形成了一个新的前理解，他不会就此止步，而是在这一前理解的引导下走向下一步，这是一个持续不断的过程。所以，理解不仅仅是对已经存在的东西的认识，更是指向人的未来的生活，通往人的"能是"。海德格尔说："此在如何是其可能性，它就如何存在。……理解作为有所开展的能在则为能够看到这种可能性提供了现象基地。"① 理解来自于传统，又筹划未来，来源于曾在状态，又将目光投向可能的世界，这是一种不断探究和询问的过程，是一项不断产生新的筹划的运动，是对生命意义永无止境的上下求索。理解的延展的本性，赋予其一种历史性思维，它打破了终极确定性，展示出一种发展的无限性。

二、教育的"语言转向"

核心价值观教育的交往活动是一个追求理解、对话人生的过

---

① ［德］海德格尔：《存在与时间》，陈嘉映、王庆节译，生活·读书·新知三联书店 1999 年版，第 167 页。

程，对话和理解都离不开语言。伽达默尔指出："能被理解的存在就是语言"，"语言是理解本身得以实现的普遍媒介"①。理解是对人的存在意义的追问，语言则是意义的承载。人类的语言在形式上表现为发音、字形以及各种表达规则，但在本质上语言是思想性的存在，它表达、诉说人们的思想、观念和价值理解。帕默尔说："获得某一种语言就意味着接受某一套概念和价值。"② 意义世界本身就存在于语言之中，语言是意义存在的寓所。无论是教育文本的意义，还是教育者与受教育者各自的精神世界，都通过语言成为被理解的对象，并通过语言展开对话和交流，实现灵魂深处的沟通、智慧的分享、共情的关怀，是语言使教育交往得以可能，是语言开显了人的意义世界。没有语言的"照亮"，就没有人的本真的存在，也没有使人成为人的核心价值观教育。以建构精神家园为基本追求的核心价值观教育只有蕴藏在语言之中，行走在语言的通途上，才能完成自身的使命。刘铁芳说："人在何种程度上领略到语言中的价值和意义，便能在何种程度上启发人生的意义，实现人生的精神构架，这同样意味着个体享受到了何种程度的教育。语言不仅是教育的手段，而且它本身就是教育，语言就是教育的目的。"③语言世界、人生意义和教育追求内在地统一在一起，不可分割。

---

① ［德］伽达默尔：《真理与方法》，洪汉鼎译，上海译文出版社 1999 年版，第 606、118 页。

② ［英］L.R.帕默尔：《语言学概论》，李荣等译，商务印书馆 1983 年版，第 148 页。

③ 刘铁芳：《语言与教育》，《河北师范大学学报（教育科学版）》2001 年第 2 期。

1. 由符号到存在

语言是人类最重要的交往工具，是人们传递信息、交流思想的重要形式。陈嘉映先生曾对语言学与哲学对语言的研究进行了区分。他说："语言学家旨在更好地理解语言的内部机制，直到掌握这一机制，甚至制造语言。哲学家从理解语言的机制走向理解世界。他不打算制造任何东西，而只是期待一种更深形态的理解生成。语言哲学分析得出的道理是世界的道理，不是语言的道理。"①这说明，哲学对语言研究的关注点不是语言的各种表面性的交流技巧和使用规则，而是语言背后所表达的意义，即语言承载的对人生、对世界的深刻理解。

传统的核心价值观教育是从语言学、语义学的角度来理解教育语言的，把语言视为承载价值观念的载体和传递价值规范的工具，进而在教学过程中十分强调对语言的客观性和清晰性的把握，强调逻辑、句法以及各种表达规则。列宁曾说"语言是最重要的人类交际工具"，斯大林也说"语言是工具、手段"。工具层面的语言具有一定的作用，它可以使概念、术语、原理及日常用语等得到清晰化、逻辑化、规范化的表述，精确、明了地描述事实，避免实践中人们的模糊、混乱、误用和滥用。同时，字词的积累、语法规则和逻辑分析能够提高人们听、说、读、写的能力，使人们掌握对话、理解和沟通的基本形式。

从工具、手段的角度理解语言是正确的，也是必要的。但是，如果仅仅将核心价值观教育的语言理解为词句的表述、符号交流的

① 陈嘉映：《语言哲学》，北京大学出版社2003年版，第23页。

工具，就过于狭窄、浅显了。如果语言只是客观地、科学地描述事物的载体，人只能按照语言规则使用语言，不能作为主体去书写语言和创造语言，语言就遗忘了"人"的存在，丢掉了自己的灵魂。精巧的技术遮蔽了人的价值，即使语言历经打磨和清洗变得异常的精致美丽，这种美也由于丧失了元气而缺乏根基。仅从工具层面出发理解语言，就会以"形式"代替"内容"、以"表面"代替"本质"、以"技艺"代替"内涵"，陷入咬文嚼字、烦琐刻板的概念、术语、句式的空壳中。以"文字"为追求目标的语言，只能将自我封闭在技术化、规则化、表面化的牢笼中，变得越来越浅薄、越来越贫困。

核心价值观教育的语言观应该是本体论意义上的。伴随 20 世纪语言学的转向，人们摆脱了狭隘的语言技术分析学，转向对语言本体论的研究，将语言的意义与语言的使用者联系在一起，语言交流实际上是语言所表达的意义的相互理解，是使用语言的人的思想观念的对话。本真的核心价值观教育语言是对人的生存方式的探索，是对人的价值意义的解释和创造。雅斯贝尔斯指出："要成为人，须靠语言的传承方能达到，因为精神遗产只有通过语言才能传给我们"①。人通过语言的传承获得精神遗产，从而成就自身。海德格尔指出："人按照其本质的确要交给语言——人是'语言的'。'语言的'一词用在这里表示：已经从语言的说中产生了。那如此产生出来的东西，人，就已经被语言带入语言自身。也正因此，人

---

① ［德］雅斯贝尔斯：《什么是教育》，邹进译，生活·读书·新知三联书店1991 年版，第 84 页。

一直被托付给语言的本质"①,"语言是存在的家,人栖息在语言所筑之间"②。伽达默尔说:"语言根本不是一种器械或一种工具"③,"语言能让某种东西'显露出来'(entbirgen)和涌现出来,而这种东西自此才有存在"④。海德格尔与伽达默尔关于语言的理解,存在一定的问题。他们夸大了语言的作用,颠倒了语言和存在的关系,认为存在是语言的产物,语言是存在的根本。马克思说过:"语言是思想的直接现实"⑤,思想来自于生活、根植于物质生产活动。生活才是存在的根本,是孕育、产生语言的基础。但是语言本体论的研究向我们揭示了语言与人不可分离的关系,阐明了语言在人的生成中的意义和价值,让人们在传统语言学工具论的视角之外,回归到语言的本质,挖掘出"人"的维度,开辟了语言澄明生命意义以及创生这种意义的发展路向。

人的生命的意义,要在语言中来把握。一切存在者成为存在者都离不开语言。赫尔德说:"语言是人的本质所在,人之成其为人,就是因为他的语言。"⑥语言是人的本质,不仅说明宇宙中的

---

① 〔德〕海德格尔:《诗,语言,思想》,转引自申小龙:《语言学纲要》,复旦大学出版社 2003 年版,第 1 页。

② 转引自陈嘉映:《海德格尔哲学概论》,生活·读书·新知三联书店 1995 年版,第 301 页。

③ 〔德〕伽达默尔:《哲学解释学》,夏镇平、宋建平译,上海译文出版社 1994 年版,第 62、63 页。

④ 〔德〕伽达默尔:《真理与方法》,洪汉鼎译,上海译文出版社 1999 年版,第 489 页。

⑤ 《马克思恩格斯全集》(第 3 卷),人民出版社 1960 年版,第 525 页。

⑥ 〔德〕J.G.赫尔德:《论语言的起源》,姚小平译,商务印书馆 1998 年版,第 21 页。

其他万物皆不能言语，唯有人有语言，能够言说，更重要的是在更深的意义上，揭示了语言说的是什么——语言言说的是人，是人的生命价值和意义世界。人的本质就在于人的精神力量，语言是与人的思想、感情、意志相关联的精神活动，人说的不是"符号"，而是诉说自身存在的意义。人在言说，也是语言在说人，它在表达人的思想、情绪和最深处的灵魂。因此，语言在根本上不是被人使用或利用的工具，不是一组精确的编码，或是一种精准表达的"技艺"，而是人的存在的家园，是人的生命的开显和澄明。本体论的语言就是生命的成长之路、发展之路，这正是海德格尔的精辟之语："语言产生人，给出人"，"惟语言才使人能够成为那样一个作为人而存在的生命体。作为说话者，人才是人"[1]。在通往语言的途中，人体验和感悟自身的存在，人之本性在语言中慢慢展现，语言和人的意义世界深深地嵌合交融在一起。

从汉语中，语言和人也是内在统一的。汉代有"言，心声也"的记载。[2] 心是言的根源，言由心出，直抒心意，是内心的表达。郑玄更直接地将语言与人联系在一起，指出"言，我也"（《尔雅·释诂上》），即言与自我是同一的，言说的是我的精神世界的事。言与我的思想、感情、生命、魂灵合为一体，是我的本质的显现。[3] 因此，中国古代的语言观已经有了本体论的取向。

语言与人的统一性，意味着"人"可以把语言与核心价值观

---

① ［德］海德格尔：《在通向语言的途中》，孙周兴译，商务印书馆 2004 年版，第 5、1 页。

② 杨雄：《法言·问神》。

③ 参见谢延龙：《在通往语言途中的教育——语言论教育论纲》，东北师范大学 2010 年版，第 35 页。

教育贯通起来。语言与教育都承担着"使人成为人"的共同使命。语言是人的存在与发展的基本方式，核心价值观教育是对人的存在意义的唤醒，所以核心价值观教育必须讨论语言。语言与核心价值观教育都是成全人、发展人、解放人和创造人的活动。语言、人和教育之间构成一种完整的动态结构，在这个结构里，三者在多向互动中生成着新的语言、新的人和新的教育。通过教育的哺育，人走进语言的意义世界，人类的、社会化的、整体性的语言不断地成为我的语言，建构我的思想，证明我的存在，帮助我形成自我的理解。同时我也经由这一过程不断社会化，超越当下，在历史的链条中了解我所处的传统；超越个体，与我共在的更广阔的世界相融。于是，存在者在通往语言的路上不断地向内、向外、向过去、也面向未来的可能持续"成人"。教育通过语言在人、世界与历史之间建立起有意义的"关涉"，通过语言将生活世界丰富的、活泼的和富有意义的内涵展现给人，使人通过拥有语言而拥有了充满激情的生活，走进世界，也创造着历史。因此，教育从来没有，也不可能摆脱语言而独立存在。可以说，有什么样的语言就有什么样人的意义世界，就有什么样的核心价值观教育，核心价值观教育在语言中理解自我，开显人的生命。

2. 通向语言的教育之路

符号交际的工具论到存在论的转向，要求核心价值观教育语言的建设必须坚持人本性、建构性和诗意性三个原则，才能实现语言、人与教育的完满统一。

人本性。核心价值观教育的语言必须以人的发展为旨归。在存在论语言观的指引下，核心价值观教育语言的核心不在于语言本身，而是语言与人的关系问题。核心价值观教育的语言不以追求概念、原理、规则的客观性和规则化的表述为宗旨，如果匮乏了生命的力量，语言只能是与人相分离的、无人能解的干瘪符号。核心价值观教育的语言不单纯是新颖华美的辞藻的堆砌物。布雷钦卡指出："有些人试图以优雅的词语遮盖着意义不大的概念，给最普通的思想以最不平常的表述。"① 核心价值观教育的语言要跳出语言表层形式的藩篱，将表述问题变为一个存在问题，将对形式的片面追求变为对内容的深化理解。语言要切近人的存在，进入人的生命，深刻洞察教育者和受教育者的生存境遇，关注他们思考的问题，叙述丰富多彩的个体经验，表达他们在生命成长和延伸过程中的渴望。核心价值观教育的语言旨在扣问人内在的精神世界，与人的思想、感情和灵魂相关联，揭示人的价值世界，通向心灵所关涉的事情，使意义世界通过语言变得清晰、明朗。而受教育者在学习过程中，要领悟语言背后负载的历史及其包含的传统承载的价值期许，学会运用语言表达自己、理解人生、与他人对话、学会生活、学会做事等。语言不是一个实体性存在，但也不是一种纯粹抽象的存在，它是一种经由人的生存发展中不断"显身"的存在，只有在人的存在与发展过程中它才会"在场"，在人的生命的充满勃勃生机的创造中成为一种直接的现实。

建构性。核心价值观教育的语言应该具有一种建构性的力量。传统语言学把语言视作一个以字词为基本元素，按照一定逻辑和规

---

① ［德］布雷钦卡：《教育知识的哲学》，钟启泉等译，华东师范大学出版社2006年版，第72页。

则构成的固定的、静态的、自足的表达系统。这种理解只看到语言的客观性、静止性，没有看到语言还有能动性、创造性的一面。洪堡特指出："我们不能把语言看作是一种僵死的生产品，而应当视之为一种生产过程，不能仅仅注意到作为对象之描述和理解之中介的语言的作用，而应当更谨慎地回到语言的与内在精神活动紧密交织在一起的本源和语言与这一本质的相互影响上去。"① 语言的作用可以引领人们去发现真理，创造性是核心价值观教育语言的本原和发展动力。语言的创造性根源于语言是人的精神的映射，它与人的鲜活能动的生命联系在一起。生命不是僵死的、封闭的，它是一幅充满生机活力的篇章，荡漾着意义的流动，不断创造出新的生命体验，向无限的可能延伸。语言作为人的生命的展开，必然蕴含着自我创造和自我生成的生命原则。

因此，教育作为桥梁，在语言与人之间形成了一种双向生成、双向创造的关系。一方面，语言向人转化，创造出人的精神世界。在教育过程中，普遍性的社会话语不断走进个体世界，我学习语言中承载的丰厚的文化、凝结的历史传统及其彰显的时代旋律，我思考语言揭示的生命价值和人类解放的探索历程，不断将人类语言吸收、转化为我的语言，融入到本己的生命的成长过程中。语言生成人、孕育人、丰富人、创造人。另一方面，人也创造语言。"我"在学习语言、理解语言、掌握语言的同时，也不断地经由我的加工和理解创造出新的语言，我的努力使语言更加丰富，凝结着更为广

---

① ［德］海德格尔：《在通向语言的途中》，孙周兴译，商务印书馆 2004 年版，第 246 页。

泛的生活智慧，洋溢着更为灵动的生命激情、更加真实地贴近人们的生活境遇。总之，语言创造了我们，我们也在创造语言，这种双向创造的过程就是教育的过程。

诗意性。诗意性揭示了核心价值观教育语言存在的一种应然的理想状态。生命的意义、语言的灵魂和教育的真谛最终都通向诗。海德格尔指出，语言在根本意义上就是诗，诗的本质必须通过语言的本质去理解，语言的本质也必须通过诗的本质来理解。这里的"诗"不是作为一种文学体裁的诗歌。海德格尔说："诗乃存在之词语性创建……人类此在在其根基处就是'诗意'的。"① 诗是与人的生命密切相连，是对此在的思考，是对生命价值的揭示。狄尔泰在《生存哲学》中指出，诗的问题就是生命问题，诗把心灵从现实的重负下解放出来，激发起心灵对自身价值的领会。

诗的境界拒绝世俗，它充盈着一种高远、宽厚、深度的力量，"带有一种令人愉悦的、诗意的诱惑力，以迷人的笑靥引人注目。"② 诗能"让对象保持它的自由和无限，不把它作为有利于有限需要和意图的工具而起占有欲和加以利用。所以美的对象既不显得受我们人的压抑和逼迫，又不显得受其他外在事物的侵袭和征服"③。维柯认为真正诗性的词句"必须表达最强烈的热情，所以浑身具有崇高的风格，可引起惊奇感"④。因此，诗不仅与此在相

---

① ［德］海德格尔：《海德格尔选集》，孙周兴译，生活·读书·新知三联书店1996年版，第317、319页。

② 《马克思恩格斯选集》（第3卷），人民出版社1995年版，第699页。

③ ［德］黑格尔：《美学》（第1卷），商务印书馆1979年版，第147页。

④ ［意］维柯：《新科学》，朱光潜译，人民文学出版社1986年版，第28—29页。

连，而且它将此在引导到具有超越性的审美境界——一种充满了生命的激情、洋溢着人性的温暖、寄托着内心的渴望及承载着丰厚的文化的浪漫、快乐、自由的状态，一种真正切己的无蔽之境、自由之境、理想之境、澄明之境。去除遮蔽，将存在"开显"出来的诗意之境是一种大真大美之境，它彰显存在者内心对美的、真的、善的体验和追求，通达了"气质"、"格律"和"神韵"的境界。①

诗意语言建构诗意的精神生活。非诗意的语言只能停留在一种外在层面的文字美，不可能达到教育和语言应有的深度。诗意语言能够跳出表层，深入主体的内心世界并达到融通的审美之境，召唤出一种非凡、超脱的精神，引发深层次的心灵震撼，给人的灵魂建筑一个温暖的、散发着袅袅清香的栖息之地，人诗意地栖居于此。诗意语言是一种人生的本真境界，因为饱胀了生命的味道、体悟和理想，核心价值观教育的真正内涵自然得以在其中舒展、丰盈。

---

① 参见谢延龙：《在通往语言途中的教育》，东北师范大学 2010 年，第 160 页。

第五章

拓展与整合：核心价值观教育的当代路径

多元文化社会的核心价值观教育在回答时代对其提出的挑战与质疑的时候，除了研究为什么教、教什么和怎么教的问题之外，要完整地揭示核心价值观教育"教"的规律，还需要对教育路径作出合理的规划，这直接关系着核心价值观教育在实践中的有效实施。教育路径是彰显教育意义、传播教育内容、活用教育方法的根本保证。

传统核心价值观教育的路径主要是学校教育和主流媒体的宣传。在多元文化社会中，人们的文化交往、社会联系比以往任何时候都更加广泛，影响人们价值观念的因素和渠道也越来越多。这要求当代核心价值观教育的路径应该打破单一、封闭的旧格局，尽可能地扩大自身的作用范围，开拓多种路径，综合利用法律规范的强制路径，电视、网络等大众传播的新型媒介，以及家庭、社区等各种社会机构的力量，形成一个整体性、开放性、综合性的全社会积极参与的"大教育"体系，将核心价值观教育内嵌到国家制度、社会管理、舆论环境和大众文化生活中。

第一节　法律规范——强制路径

"规范"来源于拉丁文的 norma 一词，具有模式、标准、规则的意思。法律是一种社会规范。法律规范是由国家制定或认可的，由国家强制力保障实施的，以权利、义务为中心内容的行为规则。法律规范是人们行为的调节器，它制定了一整套普遍性、明确性的行为标准、模式和规则。通过对外显行为的清晰的规定，法律与价值观紧密联系在一起。法律通过规定人们可以做什么、不可以做什么、应该做什么、禁止做什么的行为模式，确认、保护和弘扬某些价值观，也反对、否定某些价值观，在社会上确立起一定的价值标准，帮助人们形成相对一致的价值评价。因此，法律规范是价值观教育的主要路径之一。

一、法律规范与价值观

法律规范在本质上就是基本价值观的法律化和制度化。作为一套严密的、逻辑化的、系统化的、充满了理性的规则体系，虽然法律规范看上去充斥的都是一些毫无感情的、冰冷的、严酷的、烦琐的条文，但是这些条文背后聚合着个人与社会、历史与传统的文化价值观。"法治，既意味着善法之治，更蕴含着人类对普遍的道德理念价值与终极关怀目的之追求；法治，不仅仅是冷冰冰的规则体系与制度的客观组合，而且还包容了人类在认识与改造主客观世界过程中对自身生活目的和价值理想的情愫记载。"① 法律条文、法律规范、法律体系只不过是法律的"外表",精神、思想、文化和价值观才是它的"精髓"与"灵魂"。可以说,法律是"用",价值观则是"体"。"体"和"用"需要相互结合,共同发挥作用。没有价值观,法律就没有了生发的根基,就会迷失方向,也会因为丢失了作为社会规范的属人性,成为没有灵魂的技术框架和一纸空文。同样,如果没有法律的确认和保障,价值观就会流于思想,无从在现实生活中实现自我,产生效用。

法律源于价值规范,法律中天然地蕴含着价值维度。从法律的起源看,人类诞生之初,一些原始习惯孕育了最初的法律萌芽。原始社会时期,人们之间在简单的交往中建立起一些"应当如何"的行为习惯,这些习惯中包含着人类最初的、朴素的、针对具体事物行为对错的价值判断。后来,随着劳动复杂程度的提高和人际交往的扩大,这些价值意识逐渐丰富,衍生出风俗、礼仪等相对固定化的价值规范,人们开始用价值规范来调节人与自然以及人与人之间的相互关系。而后,为了将一些最基本的价值规范要求社会成员在现实生活中遵守,出现了以权利、义务为中心的制度化的国家法律。可见,法律规范是价值规范的产物,是为了扩大、固定交往中的某种价值共识,为了维护价值规范的效力而产生的,因此,法律天然地、内在地具有价值属性。

价值观是法律的思想基础,也表达着法律的目的诉求。虽然法律条文中充满了大量技术性的、条件性的、逻辑性的、事实性的规

---

① 范进学:《论道德法律化与法律道德化》,《法学评论》1998 年第 2 期。

定，但是这些内容无不是立足于人们现实生活的需要，为了维护某些共同的利益，落实个人和社会的基本价值观念所做的规定。价值观是法律的本质与核心，一切法律都不可能做到价值无涉。法律总是围绕着一定价值理念展开自身的叙事，总是以一定的价值理想的实现作为自身的努力目标，法律条文就是价值观念、价值理解、价值原则和价值规范的外显化的记录和载体，是一定社会价值标准的实现方式。法律能够通过可为、勿为与应为的权利、义务的规定对一些价值观加以确认、保护和促进，而对另一些价值观加以否定和反对。如法学家庞德指出："即使是最粗糙的、最草率的或最反复无常的关系调整或行为安排，在其背后总有对各种互相冲突和互相重叠的利益进行评价的某种准则……无论在古代和近代世界里，对价值准则的论证、批判或合乎逻辑的使用，都曾是法学家们的主要活动。"① 纵观历史上以及各国的成文法，公平、正义、自由、平等、人权等价值观始终是法律追求的基本目标，即法的"目的价值"。失去了价值观的思想基础和目的诉求，外显化的法律规范就会缺乏安身立命之基，丧失内在的精神自我。

价值观是判断和评价法律的尺度。价值观是判断"良法"与"恶法"的标准，是引导法律制度建设和改革的指针。如果一种法律能够捍卫和促进人的自由平等，维护社会的公平正义就被认为是"良法"。如果使自由平等、公平正义等价值观受到贬损则是"恶法"。只有符合人们的共同利益和社会发展方向，体现先进价值观

① ［美］罗科斯·庞德：《通过法律的社会控制·法律的任务》，沈宗灵、董世忠译，商务印书馆1984年版，第55页。

的法律规范才能获得社会的普遍认同，进而由"可能"变为"现实"，成为在社会生活中被共同遵守和执行的规范体系。相反，如果法律与伦理价值相背离，不能成为大众心之归向，就会丧失自身合法性，即便存在也只是停留在纸面上毫无意义的一堆空文。西方新自然法学派的代表人物富勒说："制定法的权威必须得到道德态度的支持，正是这种道德态度给法律赋予它所宣称的能力。"① 伦理价值始终是评价法律善恶的轴心，只有体现真善美的道德态度和伦理精神的法律才具权威性，才能赢得广大社会成员的自觉遵守。

由此可见，通过立法，法律规范将社会中的某些价值观念、价值标准、基本原则和基本要求法律化、制度化、规范化。法律是价值观的一种表现形式，是价值观的一种叙事载体。法律的权威、力量与存在之可能都建立在价值观的基础之上。

二、法律规范的教育优势

相比于其他价值规范，法律在价值观教育中具有独特的优势，通过对权利与义务的明确的、强制性的规定，法律使价值观教育在实践中的约束力、权威性、可操作性以及对行为的导向功能获得了实际的保证。

1. 法的国家强制性有利于强化价值规范的约束力。

一般而言，法律之外的其他价值规范属于柔性规范，具有较弱

---

① ［美］朗·富勒：《实证主义与忠实于法律：答哈特教授》，何作等译，北大法律信息网 http://www.lawinfo.com.cn。

的强制性，主要依靠社会舆论的导向、传统习惯的养成以及内心良知的审视来引导和规范人们的行为。价值规范使人们基于某种价值理解和价值标准，自觉地克制、避免"不应该"，不断追求、努力切近"应该"，但是对于那些没有价值自觉、不在乎他人评价、丧失道德良知的人所做的危害他人和社会利益的行为，价值规范往往束手无策、无能为力。法律则不同，它具有其他价值规范所缺乏的强制性和威慑力。法律是一种刚性规范。法规定了一切社会成员必须遵守的行为标准，同时详细制定了一整套一旦社会成员出现了不遵守这些标准、实施了法律明文规定的"禁止"或"不应该"的行为的法律制裁手段，对行为人加以惩罚，而且还以军队、法庭、监狱、警察等国家强制机关为保障来执行制裁。因此，法律是强化价值规范约束力的有效手段，有利于社会基本价值的维护与实现。

通过上述分析，可以看出，法律规范的强制性有助于价值规范"应然"和"实然"在事实上的统一。价值规范对价值主体应该做什么作出了规定，但对主体事实上做了什么并没有实质性的约束。法律规范不仅对行为主体应该做什么、不应该做什么做了明确的规定，同时在事实上对主体是否做了应该做的事、是否没做禁止做的事也具有强制性的制约，这就使"应然"的行为在实践中获得了"实然"的保证。比如价值规范强调应该尊重他人的生命权、保障他人自由的权利，但是当剥夺或损害他人的生命，限制他人言论自由、人身自由的行为发生时，价值规范只能通过社会舆论的价值评价和内心良知的方式起作用，法律却可以对侵害者进行相应的惩罚。同时，行为人在行动前能明确知晓实施某种行为将要产生的后果,这种预期结果具有强大的威慑作用。考虑到后果的严重性,很多犯罪行为就被自行终止了。把某些基本的价值规范以立法形式转化为人们必须无条件遵守的法律规则,可以缓解、减少价值规范"实然"和"应然"相分离的情况,促进核心价值观教育所宣扬的价值规范在现实生活中的践行。

2. 法的国家意志性有助于价值共识的形成。

在多元文化社会中,人们对善恶、对错、美丑、崇高与卑下的价值观念和价值评价存在着极大的差异,导致了实践中行为方式的多元化。面对这种状况,为了维护和谐有序的社会秩序,在全社会范围内需要一个相对统一的行为规范,要求人们共同遵守与执行。法律正好能够满足价值多元化社会的欲求,有效地促进价值共识的达成和行为方式的相对一致。

法具有统一性。一般情况下,一个国家只有一个总体的法律体系,内部诸法各不矛盾,彼此协调,都体现统一的指导思想。"法由国家制定或认可"意味着法具有国家意志性。法是以国家的名义创制的,这是法与其他价值规范的区别之一。其他的价值规范虽然也具有规范性,但通常不具有国家意志的属性。作为国家明文颁布的行为规范,法代表着国家和统治阶级对人们应该如何行为的意见与态度。国家意志的属性赋予法以统一性、普遍性和权威性。也就是说,法在国家主权的界域内,甚至国际法在世界的范围内,都具有普遍的效力。当人们在基本的权利、义务关系方面存在分歧、发生纠纷、缺乏共识的时候,权威性的法就发挥着统一思想和协调行为的作用。

3. 法的制度化、明确化、具体化，可以补充价值规范的主观性、原则性、抽象性，有利于价值规范的明确和落实。

作为一种价值标准与价值评价，价值规范往往具有较强的主观性，常常因人而异、因事而异、因时而异。而且，价值规范中的核心概念都是一些比较抽象的思想观念，比如"公平"、"正义"、"善"、"恶"、"美"、"丑"等，人们常常有不同的理解。法借助于一套完整的技术框架，把这些相对抽象模糊的价值观念转化为明确的制度，将其固定下来，并且把主观性的思想具体化为一系列实践中可操作的遍布人们生活各领域的行为规范。法律规范具有比价值规范更明确的表达方式，条文中充满着清晰的界定、严密的推理和逻辑化的表达，无论是对法律适用的依据、条件，还是程序、后果都十分明晰，从不含混不清。法律的制度化、明确化、具体化，弥补了价值规范的抽象性、模糊性，也有助于避免人们主观上的随意理解，减少了行为的不确定性和偶然性。

三、他律与自律、约束与激励

作为社会控制的主要方式，法律规范与价值规范虽然具有诸多一致的地方，但是二者不是等同的，不能相互替代。法律规范与其他价值规范有着各自相对独立的调整范围、独特的功能以及各异的运行机制，当然也存在各自的局限。在价值观教育的实践中要使二者保持适度的张力，发挥所长、相互促进、优势互补、双管齐下，建构一个一体化的社会规范系统。

　　基本层次与超越层次相结合。广义的价值规范包含法律规范，它是一种分层次的价值体系。法律规范是最低层次的价值规范，除了法律所调整的基本价值之外，价值规范还包含一些更高的要求。康德对"完全的义务"与"不完全的义务"的区分，表明价值规范涉及两个层次——基本层次和超越层次。基本层次是维护社会稳定有序的最基本的、最底线的要求，超越层次指向对终极价值的追求。法律规范作为对行为基本层次的规定，是一定社会的全体成员都应该而且必须达到的最基本、最起码的要求。法律不能用强制手段去要求人们一定要树立高层次的价值理想和价值追求，如果"将所有道德规范变得如同法律一样威严，不可侵犯，其结果只能是取消了道德，磨灭了人们的道德意识，把所谓德性变得徒有虚名"[①]。法维护基本价值，为高层次的价值规范的实现提供基础；高层次的价值规范对法律的制定起着价值导向的作用，二者有机地结合在一起。

　　约束与激励相协调。法律规范是一种必须遵守的命令式的行为规范，其主要功能在于通过强有力的外在约束力量来打击犯罪，制止危害社会行为的发生，即禁恶、惩恶、防恶；价值规范的主要功能则在于教化，旨在引导人们树立善的观念，付诸善的行动，以良好的价值期望和追求激发主体崇善的精神状态，形成向善的行为选择。如果只讲法律规范，则无以扬善；如果只讲价值规范，则无以惩恶，二者必须并用。

---

　　① 梁治平：《寻求自然秩序中的和谐》，中国政法大学出版社 1997 年版，第 273 页。

外在行为与思想观念相融合。从功能上看，法律注重人的外部行为表现，虽然人的行为必然会涉及主观思想，但是只要没有实施侵害的行为，法律对人的思想、意识、情操并不具有直接的约束力。价值规范则深入到人的内心世界，在规范人们外在行为的同时，更加重视对人们心灵深处的思想、观念、理想、信念的教化。因此，法律通过一系列明确具体的行为规定，为人们的实践活动提供了一套切实的可操作的社会规范，避免了价值教化停留于思想层面的抽象的不可把握性。价值教化则通过思想观念和理想信念为现实行为提供行动目标和指导思想。于是，行为与思想、具体的行为标准与总体的行为方向内在地联系在一起。

他律与自律相配合。自律是自我约束，他律是外在约束。任何社会规范都是他律与自律的结合，法律规范与价值规范也不例外。但是，相对而言，法律的他律特征更为明显，法律主要是通过国家强制力对人的行为进行外在约束，而其他价值规范的自律倾向更为突出，主要依靠人们的内在德性修养和自我良心反省。在多元文化社会中，自律与他律相结合是价值观教育的最佳路径。法律的强制性只是法律的外在表现形式，法律要在实践中被有效地实施必须把外在的强制性转化为人们内心的认同，法律只有成为人们的内在需要和自我追求时，社会成员才能主动地、自愿地接受法律的约束，守法才能从被动服从变成主动自觉的行为。因此，法律的归宿不是由其强制性和威慑力，在人们的心目中深深印刻下暴力、刑治的痕迹，而是要把遵法、守法的意识融入内心深处的价值理解中，使法律规定的"不得不"升华为一种自觉自为的价值义务和价值行为，实现由他律向自律的转变。这就是孔子所说的，"人而不仁如礼何！人而不乐如乐何！""礼乐不兴，则刑罚不中。"① 同时，也要看到自律是有一定限度的，外力的约束是一个不可忽视的因素，没有任何外力作用的纯粹的自律是没有保障的，是不可能具有现实的、普遍的效力的。在他律营造的全民遵守的整体环境下，内心追求可以更顺利地生长为自觉意识，转化为自觉行动。没有他律就没有自律，正如马克思所说的，自律是与他律统一的，自律是对他律的一种认同。自律与他律互为条件、相互配合，共同促进社会规范的建设。

"徒善不足以为政，徒法不足以自行。"② 法律规范和价值规范共同构成社会规范的两根支柱，价值观教育要最大限度地整合二者的功能，使它们相互促进地发挥作用，做到刚柔并济，内外推动，自律与他律相结合。

第二节　大众传媒——信息化路径

大众传媒简单地说是能够为大众所广泛使用的负载和传递信息符号的中介性的物质实体。美国传播学家威尔伯·施拉姆指出："媒介就是插入传播过程之中，用以扩大并延伸信息传送的工具。"③ 迄今为止，大众媒介经历了三次重大的形态变化：印刷媒

---

① 《论语·子路》。
② 《孟子·离娄上》。
③ ［美］威尔伯·施拉姆、威廉·波特：《传播学概论》，陈亮等译，新华出版社1984年版，第144页。

介、电子媒介和新媒介。在印刷媒介之前，主要靠刻在石头上或者书写在羊皮纸、竹简上传递信息，这样的媒介因为既贵且笨，被称为"笨媒介"。"笨媒介"因为难以普及，决定了它还不算是大众媒介。真正意义的大众媒介，是从具有一定产量的印刷品开始的，印刷媒介主要是利用纸质印刷品进行传播的媒介，包括报纸、书籍、杂志等。电子媒介是指利用电子技术进行信息传播的媒介，包括广播、电视、电影等。印刷媒介和电子媒介通常被统称为传统媒介。新媒介主要指伴随卫星通讯、数字化、多媒体和网络等技术的发展而出现的新型传播媒介，包括卫星广播电视、有线电视、智能手机以及基于互联网平台的 BBS、QQ、博客、微信、网络电视、网络电影等。

一、大众传媒的深刻影响

20 世纪 90 年代末以来，随着信息技术的迅猛发展，人们置身于无处不在的媒介环境中，核心价值观教育必须对这种新的教育方式给予足够的重视。大众传播媒介不仅表征着媒体时代人们生活环境的变化，而且在根本上改变着人们的生活样态、思维方法以及自身与周围世界的交往方式，塑造了一套新的社会关系。

大众传媒所传递的文化符码虽然存在着无限丰富、令人炫目的表现形式，但是其背后都渗透着一定的价值观念，都表达着一定的话语意义。即使推销商品的广告，都无不是"意义"的嫁接。波斯特说："产品本身并非首要的兴趣所在，必须在该产品上嫁接一套与该产品没有内在联系的意义才能把它卖掉。"① 比如喝了百事可乐整个人都会充满了青春的活力，动感十足。当商品与美好的价值连在一起，消费者就会难以抗拒，他们以为购买了此物，消费了此商品，就成就了某种价值和意义。麦克卢汉在《理解媒介——论人的延伸》一书中指出："电视不只是娱乐工具，还是制造现代人心灵、改变整个生活情境的新力量。"② 德弗勒说："儿童和大人都从各种媒介，特别是从电影和电视，学到态度、情绪反应和新的行为风格。"③ 媒介通过信息的接触、扩散、内化和放大等环节，对人们的思想观念、情感态度、行为方式、心理状态和价值理解产生深刻的影响，成为塑造人们世界观、人生观的重要途径。当今时代任何一个国家、一个民族核心价值观的建构，公民人格、理想信念的培养，在很大程度上取决于大众传媒。可以说谁掌握了大众传媒，谁就拥有了话语权，谁就有了"力量"。因此，如何利用大众传媒进行价值观教育已成为当今教育的重要课题。

影响力是一切媒介追求的目标和方向，媒介存在的价值就是制造和扩大影响力。具体来看，大众传媒对核心价值观教育的影响力表现在作用范围的广泛性、作用对象的规模化、作用方式的综合性和作用效力的持久性四个方面。

从作用范围来看，大众传媒对核心价值观教育的影响具有广泛

---

① ［美］马克·波斯特：《第二媒介时代》，范静晔译，南京大学出版社 2000年版，第 146 页。

② ［加］马歇尔·麦克卢汉：《理解媒介——论人的延伸》，何道宽译，商务印书馆 2000 年版，第 33 页。

③ ［美］梅尔文·德弗勒：《大众传播学诸论》，杜力平译，新华出版社 1990年版，第 243 页。

性。在信息时代，人们无时无刻不受到大众媒介的包围和浸染。我们每日的生活几乎都是从阅读报纸、手机报或网络新闻开始的，都会查阅收发个人邮件，相当一部分学校和单位还建立了校园网和办公平台，向特定的对象发布各种消息、通知、学习资料等，休闲时收看电视、欣赏电影，需要生活用品时进行网络购物。大众媒介已经成为人们日常生活不可或缺的组成部分，它无处不在、无孔不入，成为生活的必需品。特别是近年来随着技术的进步，媒介更加易得，使用更加方便，比如移动互联网手机的普及使人们可以随时随地阅读信息，上传"微博"，发布消息。新媒体让有人存在的地方就有信息的流动，人和媒介融为一体，甚至"人就是媒体，媒体就是人"。人通过媒介表达自我、了解他人、认识世界。媒介也因此变得有了生命，生活中各种戏剧性的实拍、微博中个人心灵的宣泄都让我们深刻感受到媒介就是充满个性的、具有思想情感的活生生的人！每个人都参与其中，人们都在媒介所制造的仪式和景观中生活。

从作用对象的规模来看，大众传媒教育具有无限性的特点。受众的规模之大，使大众媒介对教育的影响远非其他教育渠道所能及。家庭对人价值观的影响虽然深刻，但是只能涉及家庭内部的成员，学校受基础设施、教学资源的限制，教育人数也是有限的。大众媒介作为教育的新渠道，可谓"一呼百应"，无论从事什么职业、无论多大年龄、无论身处何方都能够受到"普照"，所以被形象地称为"没有围墙的学校"。特别是视觉化、图像化的电视、网络、手机产生以后，对受众文化门槛的要求大大降低。截至2012年12月底，我国网民人数已有5.64亿，普及率达42.1%，其中手机网民有 4.2 亿，占网民总数的 74.5%。特别是广大的青年学生，他们求知欲较强，追求时尚，易于接受新鲜事物，更加容易接受新媒体的宣传和教育。而且学生在学校学习阶段，活动空间有限，对自身经验之外的事物，大多是通过大众媒介去了解的，他们的思想观念和行为特征在很大程度上来自于媒介文化的熏陶。

从作用方式来看，大众传媒对核心价值观教育的影响具有综合性。当今时代大众传媒载体多元化的趋势十分明显，书籍、报纸、杂志、广播、电视、互联网、手机等越来越多样。麦克卢汉在《理解媒介——论人的延伸》一书中提出媒介是人的延伸。他认为，媒介是人的感觉能力的延伸或扩展。印刷媒介是视觉的延伸，广播是听觉的延伸，电视是视、听觉的综合延伸。不同的媒介都有自己的特点，它们在传播性能、表达方式和文化积累等方面都有很大的差异，每种媒介的使用对人所产生的心理作用、感觉体验和认知反应方式都是不同的。书籍深刻、电视逼真、网络突破了时空的局限、手机快捷并可以随人移动。不同媒介之间可以取长补短，形成综合作用的整体优势。各种传播媒介之间不再像过去处于分裂的状态，人们常常是多种媒介的使用者，既是报纸、书籍、杂志的读者，又是广播听众、电视观众，也是网民和手机用户。多种媒体交织融合在一起，多元化、立体化的媒介相互作用使人的能力获得最大限度的延伸，给受众带来更深刻、更多样、更丰富的体验与感受，教育的作用效果也被放大和加强，这是传统教育渠道相形见绌的地方。

从作用的效力来看，大众传媒对教育对象价值观与行为方式的影响具有持久性。价值观教育不是阶段性教育，对人生意义的追求和探索会伴随人的一生。一个社会成员的基本价值观和行为规范是在家庭教化和学校学习中获得的。但是，人不可能在学校中度过整个人生，也会有离开家庭"单飞"的一天。人的学习不限于某一时段，而是终其一生的无休止的过程。在这方面，大众媒介可以起到学校无法起到的作用。当人们离开家庭、离开学校，进入社会之后，大众媒介作为重要的信息来源，其影响力开始超过教师、同辈伙伴和父母，成为价值观教育的主要渠道。即使在学校读书期间，它也无时无刻不在发挥着作用。可见，在现代社会中，大众传媒真正实现了终身学习，使人不限于校门，"活到老，学到老"，对人的一生产生持久的影响。

二、大众传媒教育的有效性

1. 大众传媒的大众化生产模式使价值观教育的内容更加贴近大众生活。

核心价值观教育必须是"民众自觉自愿同意"的，它不是某种意识形态的强制推行，也不是对某种价值观的被迫"忠诚"。大众传媒由于根植于大众的日常生活，与人们的生活方式、行为方式紧密结合在一起，这种经由大众参与、与大众的互动的教育不是抽象空洞的大道理，而是具有现实生活的解释能力，因而更容易使大众产生亲近感，得到大众的欢迎，教育效果也更显著。

传统媒介的传播路径是单向的，都是由一个特定的信息发布源自上而下地传播，没有留给大众回应、交流、参与的足够空间，因而存在着凌驾于大众生活经验之上的可能。现代大众传媒则不同，费斯克把大众传媒的教育称作一种"大众生产式"的教育,社会大众都不同程度地卷入其中,这种"生产式"的教育具有极强的"建构性",它是由大众共同参与创造的。通过现代媒介,形形色色的大众随时都可以自由地参与到意义的建构中,人们可以在 BBS 或网络论坛上表达自己的意见和态度,能够与他人互动,对他人的观点进行赞成或否定的评价,人们还可以在以博客、微博为代表的自媒体中书写表达个人的思想和情感,将其公之于众,还能将生活中实拍的画面,放在网上传播出去……在道理上讲,大众传媒能够实现"所有人对所有人的传播"。网络上的"最美妈妈"、"躲猫猫"等事件就是由网友们率先推动的,然后引起社会价值观的大讨论。大众传媒教育中充满了积极活跃的主体,它的教育内容不是外部力量强加于大众身上的,而是从鲜活的生活实践出发,以大众自身的视角去关注意义的生产和文化符码的制造。这种贴近文化主体的意义生产方式,将价值观建构和批判的场域由官方领域扩展到广泛的大众生活领域,形成了一种新的文化样态,使价值观教育维持着一种与人们日常生活更为切近、更为互动的关系。与大众的态度、情感、经验、愿望、利益相结合的价值观教育,人们更容易在不知不觉中接受,更容易自愿认同,于是人们在"扩展共同经验的基础上更加紧密地凝聚起来"①。

2. 大众传播媒介具有表现力和说服力的表达形式增强了价值观教育的可接受性。

价值观的接受与践行只有深入受教育者的内心才能发挥作用。

---

① [美]沃纳·赛弗林:《传播理论——起源、方法与应用》,华夏出版社 2000 年版,第 249 页。

单一、呆板、生硬的传播形式不仅不会产生教育效果，相反，很多时候会招致人们的反感。相对于传统媒介，电影、电视、网络等现代媒介更加鲜活，它将人们带入到综合性的丰富的视觉化、图像化的情境中。美国学者米歇尔指出，继语言学之后，当代西方文化界正在经历一次"图像转向"，一套新的文化发展方法和文化样态正在建构之中。通过现代电子媒介技术制作的静态图像和动态影像，能够给人更强大的震撼力。放大、特写、慢镜头等技术手段，甚至是用手机录制的一段真实视频都能够创造一种意境，使人仿佛置身其中、身临其境，受众不再是观看者，常常以当事人的姿态不自觉地投入其中，媒介传达的意义和文化符码就深深地、鲜明地印刻在人们心中。大众传媒不是摆出一副居高临下的硬要教育他人的架势，它往往以艺术的视角、生活的视角展现事实的逻辑，撼动人类的情感，人们能够在无意识中、自然而然地接受某种价值观念和态度，产生情感上的共鸣。世界上最强大的军队往往会输给故事讲得最好的人正渐渐成为共识，通过媒介以讲故事的方式，娓娓道来，将对象引入情境，在无意中接受故事所蕴含的道理，将其融入个人既有的价值体系中，并且故事的逻辑还会在日后的社会生活中得到举一反三的延续，潜移默化地按照大众媒介教育明示或暗示的方向行为。美国的传媒界十分擅长运用电影、动画片、广告等生动的表达形式进行价值观教育。美国对越战的报道是一个典型的例子。是什么力量使美国终止了越战，相当一部分人认为这与媒体对越战大量的血淋淋的报道有极大的关系。当时媒体没有从理性上进行正面的解释，只是给出直观化的、真实的场景，再现生灵涂炭的现实。镜头对向空中的战机，地面上遍野的尸体，无数大大小小的棺材。特写一个越南人民仇恨的眼神和一个美国老兵津津乐道自己投下生化武器，它爆炸时自己内心的兴奋快乐。媒介特有的表现手法凝聚成人们心头挥之不去的情结，公众的正义感和人道主义伦理精神被激发了，终止了这场残酷的战争。

画面、图像、故事具有直观性、易读性的特征，大众传媒借助于特有的叙事方式和表现手法创造出各种逼真、生动、深刻的文化符号，对人们的思想意识和日常行为产生着巨大的"影响力"。它直接进入人的内心，刺激最深层的情绪态度，产生一种宗教信仰式的力量，使人们的世界观、价值观、审美观在不知不觉中受到涵化，并成为支配人们日常行为方式的无形力量。

三、发挥大众传媒在核心价值观教育中的作用

大众传媒时代的核心价值观教育要想取得良好的效果，必须革故鼎新，自觉利用信息化路径做好宣传教育工作。

1. 核心价值观教育要紧紧抓住新媒体这块阵地。

随着新媒介的迅速发展，核心价值观教育必须抓住这个重大机遇，利用新型教育传播途径及时性、海量性、交互性的特点，扩大自己的话语"场域"，推动教育的发展。

核心价值观教育要利用新媒介传播的及时性特征，将新事物、新观念和新经验发布出去。传统的印刷媒介受出版周期的限制，具有一定的滞后性，新媒体的传播则是随时更新的，常常是这边事情刚一发生，那边相关的报道已经播出，并随时跟踪事态的发展变

化。核心价值观教育要通过广播、电视、互联网、短信平台等媒体，"零时间"地将自己的声音传播出去。同时，核心价值观教育要通过新媒介及时了解新情况和新问题，从中获取最新的舆论动向，展开有针对性的价值引导，鼓励支持正确的价值观，反对批驳错误的价值观，获取主动权。

核心价值观教育还要在海量的媒体信息中发挥统摄作用。在传统媒介中，核心价值观的教育者与传播者是合二为一的，教育的内容与传播口径相当一致。在新媒介环境下，传播者变得大众化了，特别是网络的匿名性，在无数平等的节点上任何人都可以制造和传播信息，多种声音在共同发生作用。核心价值观教育必须利用大众传媒充分宣传自己，在众多声音的合奏中唱响"主旋律"，吸引大众的忠诚和追随，实现自身在整个价值体系中的统摄作用。否则，媒体的众声嘈杂将使人们无所适从。

核心价值观教育要利用新媒介传播的交互性、大众性的特征，鼓励广大民众积极参与到价值观建设中来。在互联网中，每一个人不再只是被动的信息接收者，他们不仅可以自主地获取信息，还可以积极参与到编写、创造信息的活动中。他们既是信息的接收者，也是信息的传播者和发布者。核心价值观教育要建立与大众互动的信息平台，赋予大众言说的权利，发挥大众在价值观建设中的积极力量。比如我国"两会"期间都会在网站上建立专门的沟通平台，开设"我为两会寄话语"、"我有问题问总理"等互动栏目，任何人都可以建言献策，还可以在网上为你支持的代表议案进行投票。

2. 要开展媒介教育，培养大众的传媒素养。

美国媒介素养教育者 W.James Pott 在《媒介素养》一书中将媒介对人们的影响效果比喻为天气对人的影响，天气会使人发抖、浑身湿透或灼热无比，人控制不了天气，但可以有效地控制气候对自身的影响。[①] 媒介带给人的影响是多方面的，它是一把双刃剑，人们要提高自身的"媒介素养"，才能让媒介为我所用。

"媒介素养"是正确使用媒介和有效利用媒介信息的能力。在大众传媒时代，了解和熟练使用传播手段，获取、判断、分析、解读和评价传播内容，有效利用各种媒介信息为个人成长和社会发展服务已经成为现代公民必须具备的生存技能。很多西方国家以及我国香港、澳门等地区都广泛地开展了媒介素养教育。

针对新形势，当前核心价值观教育中媒介素养的培育应该注重以下三个方面的工作。第一，培养大众对媒介及媒介传递的信息的认知能力、理解能力、批判能力、质疑能力、评价能力和思辨能力。大众传媒环境下的核心价值观教育是一个充满了意义博弈的领域。在多元文化社会里，核心价值观教育是用某种具有倾向性的文化符码去生产和建构人的意义世界，以达到在多元的大众主体和多义的大众文化中"以正确的舆论引导人"的目的。在"主导符码"之外，文化传播中还存在着大量杂乱、无序、模糊、错误的"从属符码"、"边缘符码"、"对抗符码"等，这些不同立场的符码形成的信息交织在一起，需要大众审慎分析、辩证思考，增强对信息的分辨力和判断力。第二，提高大众对媒介使用行为的管理能力。

---

① 参见 W.James Potter.*Media Literacy*.Sage Publication.2001.p.119.

媒介扩大了大众价值观的视野，成为他们"认识世界的窗口"，透过这个窗口，人们不断接触新事物、接受新观念，了解了更多的未知领域，掌握了大量的信息，扩大了交往的范围，人们变得耳聪目明，消息灵通。但是也常常有人滥用媒介，传播低级、庸俗、丑恶的价值观，或者利用媒介恶意制造和传播谎言，误导人们的价值判断，干扰正常的传播秩序。此外，如果过分沉溺于网络的虚拟空间中，就会脱离真实的生活，成为网络、机器的奴隶，迷失真正的意义。大众要正确认识并客观理性地使用媒介，增强自制力，趋利避害。第三，增强人们利用媒介制作信息产品的能力。通过媒介，参与互动、制作媒介产品、传播个人意志是媒介综合素养的一种体现。在"数字时代的民主社会"中，每个人的媒体权利都扩大了，草根阶层也具有了张扬自我和表达个性的话语权。如何通过网页、博客、微博、微信、自拍 DV 等，展现自我独特的价值世界，表达自己对生活意义的丰富多彩的理解，制作一份表达自我的"作品"的能力显得十分重要。在多元文化时代，帮助人们掌握创建属于自己的"媒体"、编制创造性和个性化文化符码的技术，是培育公民价值表达能力和通畅表达渠道的一项重要任务。

第三节 学校教育——核心路径

一、学校是核心价值观教育的主渠道

在价值观教育的诸多路径中，学校教育具有特别重要的意义。

杜威指出，虽然学校不是唯一的工具，"但这是第一工具，通过这种工具，任何社会团体所珍惜的价值，其欲实现的目标，都被分配和提供给个人，让其思考、观察、判断和选择"①。学校是系统地、有计划地进行价值观教育的场所，其所进行的价值观教育是全面的、综合的，既包含政党的意识形态，也涉及民族精神、时代精神、文化传统，还包括作为社会成员必须遵守的基本行为规范。当儿童进入学龄期后，学校的影响就开始逐渐超越家庭等其他途径，成为价值观教育的主要渠道。

关于学校在价值观教育中的重要作用，早在古希腊时期就有充分的论述。柏拉图在《理想国》一书中明确阐述了如何培养理想的国家公民，他认为要通过学校培养具有勇敢战斗、乐于奉献、忠诚国家的价值观的战士。涂尔干指出，学校教育能够发展学生完美的和负责任的生活所必需的道德和审美。学生关于国家、民族、政党、文化传统的基本价值观念的树立大多直接地来源于学校。"学校可以加强或增添人们对政治体系的好感，它们也能提供共同的信条，用以使人们对共同体和政权作出富有感情的响应……学校还能发展出一种能增加联合可能性的、跨越党派界限的信任感……学校还都使学生们接触到了某些权威性的决策模式。"② 学校在培养情感、态度、价值观、理想、信念等方面的作用是其他组织和途径所无法替代的。

---

① ［美］杜威：《人的问题》，傅统先等译，上海人民出版社 1988 年版，第27 页。

② ［美］加布里埃尔·A.阿尔蒙德等：《比较政治学：体系、过程和政策》，曹沛霖等译，上海译文出版社 1987 年版，第 108—109 页。

二、学校价值观教育的特点

价值观教育的法律途径所涵盖的内容并不全面，它只涉及与价值观教育相交叉的一部分最基础的内容。大众传媒教育相对而言，比较松散、自由，经常充满了多元化、不一致的价值理解和行为方式。学校作为专门的教育机构，与其他的教育途径相比，具有明显的优势：学校具有特定的组织机构和章程；有受过专业培训的教师；有一定的教育场所和基础设施；有必备的办学资金和稳定的财政来源。因此，学校教育是一种正规的、有组织有计划有目的的、系统性的教育途径，可以有效地克服其他教育的片面性、零散性、偶然性与无序性。

第一，学校价值观教育具有明确的目的性和方向性。学校价值观教育不是偶然的、随意性的教育行为，而是一种有着明确教育目标的培养人的活动。学校价值观教育的目标早在教育活动之前就在课程标准和教学大纲中被明确规定了，它是人们对教育所培养的人的在价值观方面的预期结果，指明了价值观教育活动的出发点和归宿。学校价值观教育总是代表了一个国家、民族、长辈对青年一代的要求，体现着时代发展的要求，是教育对所要培养的人的价值体系的总体设想。比如，当前我国高中阶段价值观教育的目标就是进行马克思列宁主义、毛泽东思想、邓小平理论和"三个代表"重要思想的教育，领悟辩证唯物主义和历史唯物主义的基本观点和方法，逐步树立建设中国特色社会主义的共同理想，初步形成正确的世界观、人生观、价值观。① 学校价值观教育明确的目的性和方向性指明了教育活动所要对准的"靶子",指导着整个教育工作有计划、有步骤地朝着既定的方向前进,避免了教育的盲目性。

第二,学校价值观教育具有计划性和系统性。学校价值观教育是一个完整的、系统的教育体系。认知、心理和人格结构的发展具有阶段性,每一阶段都有其相对独特的地方。人到了某一阶段,开始具备相应的从事某些性质活动的能力,并表现出一定的兴趣倾向和行为特征,这种阶段性不能人为地打破或随意跨越。同时,认知、心理与人格结构的发展也是一个持续建构的过程,前一阶段是后一阶段学习的基础,后一阶段是前一阶段的延伸和发展。一般情况下,学校价值观教育会根据不同年龄、不同发展阶段的具体情况分层次、分阶段地提出不同的要求,制定一个由浅入深、由低到高的教育序列。同时这些阶段又不是完全分离、彼此割裂的,它们相互衔接、彼此交合、循序渐进,保持价值观教育指导思想的一致性、教育安排的有序性和教育内容的延续性。比如,我国小学阶段以爱国主义为核心的民族精神的培养为主,教育学生成为有爱心、有责任心、有良好的行为习惯和个性品质的人,为逐步成为社会主义的合格公民奠定基础;初中阶段以进行社会主义道德、民主体制和初步的职业道德教育为主;高中阶段强调政治方向、人生观、世界观教育,进行有中国特色社会主义理论教育、共产主义人生观教育,使学生初步掌握马克思主义的立场、观点、方法,同时注重培

---

① 参见《普通高中思想政治课程标准(实验)》,人民教育出版社2004年版,第1页。

养改革开放的时代精神。各级各类学校既对各自分管的任务十分明确，能够结合学生各个阶段的特点开展有针对性的教育活动，同时各阶段又衔接有序，作为一个连续的教育整体对人的价值观产生循序渐进的影响。总之，阶段鲜明、结构清晰、完整有序的学校价值观教育系统，能够对学生产生持续、全面、深入的影响，这是其他教育途径所不能比拟的。

第三，学校教育具有专业性和组织性，保证了教育的高质量与高效率。相比于其他的教育途径，学校教育具有很强的专业性。课程标准和教材是由学科专家和课程专家量身定制的，既考虑社会的发展需要，也兼顾学生个性的发展和身心发展的规律，具有权威性与可读性。同时学校教育还拥有一支专业化的教师队伍和管理队伍，他们经过资格认证，具有扎实的专业知识，掌握先进的教育方法，懂得教育教学规律和学生发展规律，具有较强的组织管理能力。

学校教育具有严密的组织性。学校有严格的规章制度，对学习年限、学制、学分、毕业标准都有明确的规定。学校教育工作的每一个环节，教学计划的安排，教师的集体备课和授课笔记的编写，学生的组织纪律要求，作业的布置、评价与反馈，教学质量的检查、监督和评定等等各项工作都有明确的分工和任务，安排周密。严密的组织性带来教育运行的平稳、和谐、高效，这是大众传媒等相对松散的教育途径所无法实现的。

第四，学校价值观教育具有鲜明的国家控制性，为价值观教育提供了强有力的保障。大众媒介具有相对独立性，政府至少表面上不直接干涉或全面控制其言论自由。而学校作为实行国家义务教育的机关，在人力、物力、财力等诸多方面都依赖于政府的支持，政府对学校的影响要有力得多。自古希腊、罗马时期学校教育就充分体现了国家对教育的有意识的控制。埃及的宫廷学校、寺庙学校，中国的"学而优则仕"都是以为统治阶级培养人才为目标的。在现代，虽然学校教育具有开放性，但是这种开放是有限度的。各国都抓住学校这个主阵地对处于成长期的学生进行反映统治阶级价值期待与诉求的价值观教育。美国教育家范斯科德指出："对任何一级政府而言，教育都不会是超越政治以外的活动……美国社会存在着一条信念，即教育事业应是不问政治与超党派的，然而仔细观察一下便可看出，这一要求不过是一种由于人们的短见和沉默而变得永恒的神话。"[①] 马克思主义者更是明确宣布教育为国家政治服务。列宁说："我们公开声明，所谓学校可以脱离生活，可以脱离政治，这是撒谎骗人。"[②] 统治阶级通过学校价值观教育将国家倡导的价值观念和行为规范贯彻下去，强化官方知识的学习，批判、排除一些对抗价值观的干扰。国家控制保证了核心价值观教育的力度，国家的宏观指导、地方政府的中观调控、学校教师的微观实施相互配合、共同推进，晓之以理、动之以情的温和的教育手段，还有严格明确的校纪校规对偏离官方意志的行为的约束和惩罚，共同保障了核心价值观教育的落实。

---

① ［美］理查德·D.范斯科德：《美国教育基础——社会展望》，科学教育出版社1984年版，第69—70页。

② 列宁：《在全俄教育工作第一次代表大会上的讲话·列宁论教育》，人民教育出版社1990年版，第175页。

三、显性教育与隐性教育相结合

随着学校功能的完善与发展，现代社会中学校价值观教育的途径也日益多样化，有思想政治课、其他学科的教学、班级活动、社团组织、社会实践活动等等，它们相互联系、相互制约，形成了一个巨大的、覆盖全面的学校教育系统。这些途径有其各自的特点和功能，按照作用的形式可以划分为显性教育与隐性教育两类，学校的核心价值观教育要综合利用好显性教育与隐性教育，使二者协调配合，获得最佳的教育效果。

显性教育是学校价值观教育的"主阵地"。价值观的显性教育是指教育双方在有意识的状态下，以直接的授课方式实现价值观教育目的的教育方式和教育活动。在实践中，各国都十分重视显性教育，比如美国开设的"政府"、"公民"等课程及日本的道德教育课、德国的政治教育课、法国的公民教育课、我国的思想政治课等。这些课程的主要内容都是对学生进行系统的价值观教育，培养具有特定价值观的公民。

显性教育有其特有的优势。显性教育的教育目标十分明确，教育者和受教育者彼此都很清楚，它不是在无意识情况下的不自觉的行为。在教育过程中，教育者把自己的教育意图、观点、主张和要求直接地、正面地告诉给受教育者，受教育者对于学习的任务也十分明确。直截了当、旗帜鲜明的教育可以减少含混、模糊、误解以及各种不确定性，将教育的内容准确、明晰地传达给学生，而且理直气壮的宣传和态度明确的讲解在多元文化社会话语权的控制上也具有明显的优势。

但是要做好价值观教育工作，仅仅依靠显性教育是远远不够的，如果忽视学生的主体地位一味地直接说教，会引起学生的心理反感。所以，价值观教育还必须合理地利用隐性教育的途径。隐性教育是教育者按照预定的教育计划，在受教育者无意识的情况下，通过潜移默化和耳濡目染的渗透、亲身活动体验、情境暗示、环境创设等看似无意识教育的方式来实现教育目的的过程。隐性教育是正面的、直接的显性教育的延伸和有益补充。隐性教育不是直接告知受教育者教育的意图，而是采取"隐蔽"的方式，使受教育者在没有意识到自己在接受教育的情况下，心灵受到教化，情操得到陶冶，不知不觉地接受某种价值观念，形成某种信念，秉持某种品性，不由自主地作出某种行为。隐性教育就像泉水悄悄流入学生心田，在内心深处悄无声息地积淀下来，日积月累汇集凝聚，深入他的潜意识，使人在某个适当的时候，无须人为的意志努力，不自觉的行为。这种"自然而然"的教育，作用的效果往往更为深入、影响更为持久而不易改变。因而，隐性教育是很多发达国家十分重视的价值观教育方式。

要想使核心价值观教育达到最佳的效果，要把显性教育与隐性教育结合起来，使二者相互配合、相互补充。在实践中，可以尝试开展以下几种教育模式。

渗透式教育，即强化隐性教育的渗透作用。首先，要注重显性价值观教育课程中的隐性渗透。通过隐性教育来柔化显性教育的刻板性和说教意味。在坚持显性课堂教学系统性、明确性的基础上，通过教师的人格魅力、和谐的师生关系、教室环境的布置等，使整个教学氛围轻松、和谐、自然，引导学生在有意识与无意识、理性与感性的交会中接受价值观教育。其次，在其他各科的教学中进行价值观渗透。自然科学与其他社会科学的知识背后都体现着人类所追求的价值观念和社会理想。在其他学科教学的过程中渗透价值观教育，能够赋予各科教育以"灵魂"。比如，在地理教育中渗透人与自然、人与社会的和谐理念，在语文教育中通过优秀文本彰显高尚的道德品质和健康的审美情趣，使客观的知识与人相连，具有价值的维度。

陶冶式教育。陶冶法是指将价值观教育的内容融入到学校的办学理念，以及承载这些理念的校规校纪、校训校歌、历史传统、建筑雕塑、宣传展板中，对学生进行教育。价值观教育与学校的文化环境有着内在的联系，良好的学校文化环境具有感染的功能，它能形成一个"场"，使置身于其中的每个人都受到"场"内精神和风气无形的诱导和指引，不由自主地被濡化。苏霍姆林斯基认为，一所好的学校连墙壁也能说话。学校的校容校貌能够体现文化理念，反映学校崇尚的价值取向和志趣爱好。校训作为学校精神的核心也承载着学校历史积淀而来的价值观，它对所有的学生都是一种鼓舞、一种召唤、一种要求、一种导向，使他们很快地认同校园文化。教师高尚的道德情操、严谨的治学态度和独特的人格魅力也无不深刻地影响学生、教育学生，使学生自觉仿效。所有这些都形成一种无形的教育力量，它们共同构成一个场域，在这个场域中弥漫着一个统一的、和谐的旋律，大家在看不见的节奏中自愿地跟随，与之一起激荡。场域里的人们在不知不觉中拥有了共同的价值观、趋同的态度和一致的行为模式。

实践活动教育。杜威的"参与社会生活进行教育",贝克尔的"问题中心法"、"自由选择",柯尔伯格的"新苏格拉底法"、"公正团体法",戚万学的"活动教学法"都十分关注对学生行为的培养,带有明显的行为取向。实践活动是促进价值认知转化为价值行为的重要途径,它能够克服价值观教育中言行不一、知行脱节的状况。核心价值观教育要积极开展校内外的社会实践活动,通过社会实践活动提高学生价值判断、价值理解、价值选择和价值行为的能力。在我国,新课程改革后的思想政治课教学特别注重发挥社会实践活动的教育作用,配合每一单元的学习,课程精心设计了以社会生活中的真实问题为中心的综合探究活动。让学生深入到社会生活中,通过调查、访问、参观、讨论等亲身活动,产生直接体验。比如在"生活与哲学"模块中,安排学生自由选择一位自己欣赏的人,对他进行采访,并与之讨论人的生活应该如何度过。这些自主、能动的实践活动让学生在亲身参与中,了解他人,认识社会,开阔视野,增长经验,对某些价值观产生发自内心的认同或者否定,还能孕育出预设目标之外的情感、态度和观念。实践活动是一种发展性的、生成性的价值观教育方式。

结　语

　　"模式"一词使用的范围非常广，社会发展模式、心理模式、商业模式、建筑模式、教育模式等。简单地说，"模式"是解决某一类问题的方法论，如果把某类问题的解决方法归纳概括到理论高度，就是模式。Alexander曾经给出了一个经典定义：每个模式都描述了一个在我们的环境中不断重复出现的问题，并提出该问题的解决方案的核心，通过这种方式，人们可以无数次地使用已有的解决方案来处理问题。可见，"模式"是对某类问题的理论思考和实践发展相对成熟的表现，它把问题的解决经验进行抽象、概括，形成一种规律性的认识。这种规律性认识不一定表现为某个定理或命题，它更是一种方法论、认识论意义上的思维方式。因此，模式能够高效地为某类问题的解决提供一个优良的方案或者方法上的指导。

　　在封闭的一元社会中建立起来的传统价值观教育模式有其合理性，但是在多元文化时代，在多种价值观共同存在且相互碰撞交融的社会背景下，它已经无法解决人们的价值困惑、价值冲突与价值认同的问题。在今天，任何一个国家的核心价值观教育都不可能在闭关自守、与世隔绝的状态下进行，都要在与其他文化、其他价值观的平等交流、相互沟通中走向开放融合。在新背景下，探索和建构一种关于核心价值观教育的理论，开发和形成一套实践中促进核心价值观教育发展的策略或原则成为使然。因此，核心价值观教育模式的转型与创新，在根本上反映着时代的欲求，更直接决定着教育的实际效果。

教育模式是一个全面的结构体系，是包括教育目标、内容、方法、过程、途径等方面的完整系统。于是，在前面五章论述的基础上，此处概括出"一体多元"的核心价值观教育模式。

理论界关于一元与多元关系的争论一直存在。在争论中，一些人将二者完全对立起来，认为是非此即彼的关系。要么以"一"驯服"多"、以"一"压制"多"，将其他价值观剔除在教育之外，以避免干扰，维护一元化的权威。要么站在"多"的立场上，强调民主社会中个人价值的独特性和个体价值选择自由的至上性，没有哪种善观念可以凌驾于其他的善观念之上成为教育的准则，价值观教育没有共同的标准，完全依据个人的偏好，奉行多元的"怎么都行"。

上述两种教育观点、两种对立的立场实际上分享着同一种思维方式。绝对化的一元价值观教育认为"一就是一切"。问题的焦点"不在于传统价值是否是我们值得欲求的善，而在于我们能否欲求不同的善，同样，也不是我们是否应当遵守道德规范，而是遵守道德规范的行为是否建立在个人的理性选择基础之上"①。并不是所有的价值差异都可以被"划一"，绝对的一元价值论塑造屈从性的人格，扼杀人的个性，必然导致专制主义和道德压迫。"如果企图用同一个标准，或所谓最高的善对所有的价值加以审视，并统领我们全部的生活目标，以求世界的和谐与统一，这是一种非常危险的企图。"② 绝对化的一元价值观教育与现代社会的自由、平等、人权是相悖的。

相对于价值一元论，多元论价值观教育把每个人都视作独一无二的主体，承认每个人的价值，这无疑是社会通向自由、民主的必然要求。但是多元论价值观教育，由于否定共识性、普遍性的价值标准，使青少年对是与非、善与恶、美与丑的界限越来越模糊，甚至放弃了价值引导，导致任意妄为、放任自流。确如美国学者霍尔所说的，在我们这个多元社会里，尽管直接灌输的方法是无效的，然而，任何在道德上放任的企图也没有取得更好的结果。其对差异、不确定性、主观性的过分强调非常容易将还不十分成熟的青少年推入价值迷惘之中，推入极端个人主义之中，导致"唯我"的价值观，其结果自然是消解了意义世界的终极关怀，抹杀了价值绝对性的一面，冲击了价值观教育安身立命的根基。

从马克思主义唯物辩证法的角度来看，一元与多元是矛盾的关系，正是一元与多元的矛盾运动构成了价值世界的发展与变迁。面对"一"与"多"的困局，我们要在超越绝对化的"一"和混乱

---

① 何玉兴：《价值差异与价值共识》，《河北师范大学学报（哲学社会科学版）》2000 年第 4 期。

② 冯建军：《价值多元共生时代道德教育的新使命》，《教育科学研究》2009 年第 5 期。

的"多"的基础上，还原二者本真的关系。

一方面，应当承认当代社会生活中文化多元化的存在状态不可逆转，我们不可能再回到秉持先验总体性、同一性的传统一元时代。不同个人、群体价值选择的相对独立性是必要的，境遇不同、经历不同、利益不同会具有多种可能性。不能简单地认为，价值多元化意味着价值秩序的混乱和道德水平的滑坡，相反"一元"下有序的"多元"表明了"整个社会的开放，表明了社会政治的清明，同时也表明了人们行为选择的自主自由程度和丰富多样性"①。

另一方面，教育也不能停留于混乱的多样性，在相对主义、虚无主义中沉沦。在多元价值观共在的情况下，如果缺乏一元价值观的指导和一体化价值体系的建构，人们的行为在不同价值观的导向下将会呈现出无序与混乱，中立化的价值观教育会使受教育者在大是大非问题上摇摆不定，表现出价值选择的困惑与茫然。

鉴于此，需要建构一个"一体多元"的核心价值观教育模式。在这个教育模式中，"一体"与"多元"是并行不悖的。"一体"有两层含义。一是指导思想上的一元化，即在价值观教育体系的内核与核心点上坚持一元化，反对完全放任的自由主义。维护核心价值观在整个价值体系中的统帅与支配地位，确保教育的性质和方向。二是建构一个一体化的教育系统，即由一元统摄下的多元之间前后一致、上下贯通的教育系统。允许多元的存在，但不是不加区别的包容和放任。对于多元价值观要区别对待，"一体"中可以包

---

① 刘小新：《当代中国价值观多元化的几点思考》，《首都师范大学学报（社会科学版）》2005 年第 3 期。

容的"多元"是以"一元"为归属，统一于"一元"的"多元"。对于与"一元"价值观相悖的、不相适应的或相对抗的价值观，就要坚决地否定。

"多元"也有两层含义。一是指教育模式具有理解、包容多元价值观、多种方法、多条途径的视野。"一体"不是绝对化的"一"，不是"一是一切"的"一"。在内容上，多元一体的教育模式具有容纳"多元"的胸怀，它不否认核心价值观在具体领域表现出的多元化，也不"包办"个人价值选择的多种可能性，它能够合理地体现多元化的价值诉求。在方法上，要强调核心价值观的正面宣传教育，但不是坚持一方话语的霸权式的灌输，而是倡导多元话语间的平等对话、彼此协商、相互理解。在途径上，除了抓住学校教育、主流媒体宣传的主渠道，也积极运用法律规范、大众传媒等多种途径，扩大教育辐射的范围。二是教育模式具有使多元价值观、多种方法、多条途径和谐共生、相互促进、相互补充的能力。"一"不是霸权，"多"也不是彼此疏离或相互破坏，而是具有和谐的秩序和不可分割的内在联系，在自由论争中不断整合、相互滋养、共同丰富。多种方法也不是单兵作战，而是不同方法之间可以灵活转换、相互融合。多种途径更是既有区别又有联系地发挥作用，取长补短、相互配合，建立一种互动联合的教育机制，发挥整体合力。"一体多元"不追求牵强的、生硬的综合，而是力求在多元并存、多法共用、多途通达中，使每一种理论更深刻、更完善，使每一种方法更可行、更有效，使每一种途径更通畅、更有力，在"多"的共同努力下，形成一体化的整体力量。

价值的一元性是价值观念在终极意义上指向的统一性、目的论意义上的一致性和普遍表现形式上的共同性；而价值的多元性则是特殊内容结构上的差异性或丰富性、实践手段上的多样性和其相对具体意义上的实现过程的层次性。① 在价值观多元化的背景下，"一体多元"教育模式是在价值体系的核心目标和指导思想上坚持一元性，在具体内容、实现方法、教育途径上表现出多元化，是一元主导与多元协调的辩证统一。

---

① 参见刘小新：《当代中国价值观多元化的几点思考》，《首都师范大学学报（社会科学版）》2005 年第 3 期。

参 考 文 献

1.《马克思恩格斯选集》（第 1—4 卷），人民出版社 1995 年版。

2.《马克思恩格斯全集》（第 2、3、12、40、42 卷），人民出版社 2005、2002、1998、1982、1979 年版。

3.《列宁选集》（第 1—4 卷），人民出版社 1992 年版。

4.《列宁全集》（第 38 卷），人民出版社 1996 年版。

5.《毛泽东选集》（第 1—4 卷），人民出版社 1991 年版。

6. 袁贵仁:《价值学引论》，北京师范大学出版社 1991 年版。

7. 袁贵仁:《价值观的理论与实践》，北京师范大学出版社 2006 年版。

8. 韩震:《重建理性主义信念》，中华书局 2009 年版。

9. 韩震:《韩震论文选》，中华书局 2009 年版。

10. 吴向东:《重构现代性:当代社会主义价值观研究》，北京师范大学出版社 2006 年版。

11. 晏辉:《现代性语境下的价值与价值观》，北京师范大学出版社 2009 年版。

12. 兰久富：《社会转型时期的价值观念》，北京师范大学出版社 1999 年版。

13. 兰久富：《全球化过程中的价值多样化》，北京师范大学出版社 2010 年版。

14. 王葎：《价值观教育的合法性》，北京师范大学出版社 2009 年版。

15. 李德顺、马俊峰：《价值论原理》，陕西人民出版社 2002 年版。

16. 陈嘉明：《现代性与后现代性十五讲》，北京大学出版社 2006 年版。

17. 张旭东：《全球化时代的文化认同》，北京大学出版社 2005 年版。

18. 洪汉鼎：《理解的真理》，中国人民大学出版社 2004 年版。

19. 陈章龙、周莉：《价值观研究》，南京师范大学出版社 2004 年版。

20. 陈龙：《传媒文化研究》，江苏教育出版社 2010 年版。

21. 刘明君、郑来春、陈少岚：《多元文化冲突与主流意识形态建构》，中国社会科学出版社 2008 年版。

22. 鲁洁：《道德教育的当代论域》，人民出版社 2005 年版。

23. 刘铁芳：《走向生活的教育哲学》，湖南大学出版社 2005 年版。

24. 金生鈜：《规训与教化》，教育科学出版社 2006 年版。

25. 靳玉乐：《理解教学》，四川教育出版社 2006 年版。

26. 靳玉乐：《对话教学》，四川教育出版社 2006 年版。

27. 冯建军：《当代主体教育论——走向类主体的教育 》，江苏教育出版社 2004 年版。

28. 冯建军：《差异与共生——多元文化下学生生活方式与价值观教育》，四川教育出版社 2010 年版。

29. 唐汉卫：《生活道德教育论》，教育科学出版社 2005 年版。

30. 张天宝：《走向交往实践的主体性教育》，教育科学出版社 2005 年版。

31. 丁锦宏：《品格教育论》，人民教育出版社 2005 年版。

32. 陈赟：《现时代的精神生活》，新星出版社 2008 年版。

33. 吴亚林：《价值与教育》，北京师范大学出版社 2009 年版。

34. 余维武：《冲突与和谐——价值观多元化背景下西方德育改革》，江苏教育出版社 2009 年版。

35. 王凯：《教学作为德性实践：价值多元背景下的思考》，江苏教育出版社 2009 年版。

36. 杜时忠、卢旭：《多元化背景下的德育课程建设》，江苏教育出版社 2009 年版。

37. 郑金洲：《对话教学》，福建教育出版社 2007 年版。

38. 王学风：《多元文化社会的学校德育研究——以新加坡为个案》，广东人民出版社 2005 年版。

39. 王向华：《对话教育论纲》，教育科学出版社 2009 年版。

40. 许桂清：《美国道德教育理论研究》，中国社会科学出版社 2008 年版。

41. 刘卓红、钟明华：《开放德育论》，人民出版社 2008 年版。

42. 王攀峰：《走向生活世界的课堂教学》，教育科学出版社

2007 年版。

43. 王松涛：《对话教育之道》，教育科学出版社 2010 年版。

44. 冯苗：《教育场域中的对话》，教育科学出版社 2011 年版。

45. ［英］亚当·斯密：《道德情操论》，蒋自强等译，商务印书馆 2009 年版。

46. ［古希腊］亚里士多德：《形而上学》，李真译，上海人民出版社 2005 年版。

47. ［德］康德：《道德形而上学原理》，苗力田译，上海人民出版社 2005 年版。

48. ［德］弗里德里希·尼采：《权力意志》，孙周兴译，商务印书馆 2007 年版。

49. ［美］迈克尔·W.阿普尔：《文化政治与教育》，阎光才等译，教育科学出版社 2005 年版。

50. ［英］约翰·B.汤普森：《意识形态与现代文化》，高铦译，译林出版社 2005 年版。

51. ［英］齐格蒙·鲍曼：《生活在碎片之中：论后现代道德》，郁建兴等译，上海学林出版社 2002 年版。

52. ［法］利奥塔：《后现代道德》，莫伟民、伭晓笛等译，上海学林出版社 2000 年版。

53. ［英］C.W.沃特森：《多元文化主义》，叶兴艺译，吉林人民出版社 2005 年版。

54. ［加］查尔斯·泰勒：《现代性之隐忧》，杨文贵译，中央编译出版社 2001 年版。

55. ［加］查尔斯·泰勒：《自我的根源：现代认同的形成》，

韩震译，南京译林出版社 2008 年版。

56. ［德］鲁道夫·奥伊肯:《生活的意义与价值》，万以译，上海译文出版社 2005 年版。

57. ［德］马克斯·韦伯:《学术与政治》，冯克利译，生活·读书·新知三联书店 2005 年版。

58. ［德］哈贝马斯:《合法化危机》，刘北成、曹卫东译，上海人民出版社 2000 年版。

59. ［德］哈贝马斯:《交往行为理论》，曹卫东译，上海人民出版社 2004 年版。

60. ［美］A. 麦金太尔:《谁之正义? 何种合理性?》，万俊人等译，当代中国出版社 1996 年版。

61. ［美］A. 麦金太尔:《追寻美德》，宋继杰译，译林出版社 2008 年版。

62. ［德］海德格尔:《存在与时间》，陈嘉映等译，生活·读书·新知三联书店 2006 年版。

63. ［英］以赛亚·伯林:《反潮流: 观念史论文集》，冯克利译，译林出版社 2002 年版。

64. ［美］詹明信:《晚期资本主义的文化逻辑》，张旭东译，生活·读书·新知三联书店 1997 年版。

65. ［德］埃里希·弗洛姆:《健全的社会》，蒋重跃等译，国际文化出版公司 2007 年版。

66. ［法］米歇尔·福柯:《规训与惩罚》，刘北成等译，生活·读书·新知三联书店 2007 年版。

67. ［英］安东尼·吉登斯:《现代性与自我认同》，赵旭东等译，生活·读书·新知三联书店 1998 年版。

68. ［德］伽达默尔：《真理与方法》，洪汉鼎译，上海译文出版社 1999 年版。

69. ［英］约翰·怀特：《再论教育目的》，李永宏等译，教育科学出版社 1997 年版。

70. ［德］威廉·冯·洪堡特：《论人类语言结构的差异及其对人类精神发展的影响》，姚小平译，商务印书馆 1999 年版。

71. ［法］爱弥尔·涂尔干：《道德教育》，陈光译，上海人民出版社 2006 年版。

72. ［德］雅斯贝尔斯：《什么是教育》，邹进译，上海译文出版社 1999 年版。

73. ［德］雅斯贝尔斯：《时代的精神状况》，王德峰译，上海译文出版社 2003 年版。

74. ［美］杜威：《道德教育原理》，王承绪等译，浙江教育出版社 2003 年版。

75. ［美］路易斯·拉思斯：《价值与教学》，谭松贤译，浙江教育出版社 2003 年版。

76. ［巴西］保罗·弗莱雷：《被压迫者教育学》，顾建新等译，华东师范大学出版社 2001 年版。

77. ［加］马克斯·范梅南：《生活体验研究》，宋广文等译，教育科学出版社 2003 年版。

78. ［美］艾伦·布鲁姆：《美国精神的封闭》，战旭英译，译林出版社 2011 年版。

79. ［美］塞缪尔·亨廷顿：《我们是谁：对美国民族认同的

挑战》，程克雄译，新华出版社 2005 年版。

80. ［德］马丁·布伯：《我与你》，陈维纲译，生活·读书·新知三联书店 1986 年版。

81. ［英］戴维·伯姆：《论对话》，王松涛译，教育科学出版社 2004 年版。

82. ［美］罗伯特·纳什：《德性的探寻：关于品德教育的道德对话》，李菲译，教育科学出版社 2007 年版。

83. ［美］约翰·菲斯克：《理解大众文化》，王晓珏等译，中央编译出版社 2001 年版。

84. Bennett, W. J. *The book of virtues：A treasury of great moral stories*. New York：Simon & Schuster. 1993.

85. Grillo, R. D. *Pluralism and the Politics of Difference：State, Culture, and Ethnicity in Comparative Perpective*. Oxford University Press. 1998.

86. James. A. Banks. *Multiculture Education：Theory and Practice*. Allyn and Bacon. 1994.

87. Jo Cairns, Denis Lawton and Roy Gardner：*Value, Culture and Education*. Kogan Page Limited. 2001.

88. William Kilpatrick. *Why Jonny can't Tell Right from Wrong：Moral Illteracy and the Case for Character Education*. New York：Simon & Schuster. 1993.

89. Simon. S and Oldss. *Helping Your Child Learn Right From Wrong：A Guide to Values Clarification*. New York：Simon Alld Schuster. 1976.

后　记

　　价值观问题始终是个体活动和社会发展的基本问题。苏格拉底曾说，未经审查的人生是没有价值的。人作为目的性的存在，一生都在不间断地探询和认识价值，也在实践和创造价值。特别是在价值观如此多元的当代社会，面对价值冲突，孤立、漂泊中的个人陷入归属感缺乏、身份焦虑和碎片化存在的困境中，"我是谁"成为现代人内心最深处的叩问。同时，伴随全球化、信息化的飞速发展，各民族文化如蔓藤般相互交织在一起，依靠某种强权推行唯一合法的价值观念已不再可能，准确凝练本民族、国家的核心价值观，并通过恰当的途径和方式赢得大众的认同，转化为共同的行动，成为各国政府无法回避的时代课题。

　　无论个体价值观还是社会价值观都不是先天固有的，而是在一定的社会环境和实践活动中，通过社会教化，将人生的理想信念、民族的文化传统和社会交往的价值规范传递给社会成员实现的。因此，多元文化社会中的核心价值观重要性决定了作为文化传承重要手段的核心价值观教育的重要性。揭示核心价值观教育的当代意义，阐明教育内容，探讨教育方法，拓展教育途径，从而建构一种新型的教育模式成为当代教育哲学研究的重要内容。

本书全面系统地研究了在思想活跃、观念碰撞、文化交融的时代背景下，核心价值观教育的必要性以及如何有效地进行核心价值观教育的问题。站在时代的高度，分析了文化在由一元走向多元的过程中人们思想观念的嬗变，揭示了核心价值观教育所面临的当代困境，凝练出多元文化时代核心价值观教育的现代意义。并且，在"何以可能"的合法性研究之后，进一步回答"如何可能"、"怎样可能"的问题，阐明了核心价值观教育的内容、方法、途径等方面的内在规律、基本原则和改革创新的进路。通过核心价值观教育对所面临的时代挑战的回应，形成一个从理论到实践，从"为什么"到"怎样做"的完整的研究体系，建构了新的时代背景下一体多元的核心价值观教育模式。

美国著名教育学家哈什认为一种模式既包括一种关于教育如何发展的理论或观点，也包括一套促进发展的策略或原则。一体多元的核心价值观教育模式是在对教育理论的系统归纳和对教育实践规律性总结的基础上形成的，它力求实现学理研究和实践研究的统一。一方面，在教育学、心理学大量具体化、实证化的研究基础上，本书从教育哲学的视角，在哲学思维方法和理论观点的指导下把握价值观教育的问题，体现出一定的理论性和深刻性；另一方面，针对教育实践中模糊的认识、错误的理解和突出的重点难点问题加以分析和探索，尝试为当前我国社会主义核心价值观教育活动提出具有一定现实意义的建议，也为教师进行价值观教育理论和实践的研究提供一个相对完整、可操作的基本框架。

价值观的问题从来不可能游离于经济、政治、文化、社会等领域之外，它是人的一切活动领域中的内在的、机理的东西。价值观问题的整体性和复杂性，决定了核心价值观教育的研究涉及哲学、教育学、政治学、社会学、心理学、法学、传播学、语言学等多个学科。本书依托了上述学科的研究成果，在研究视野和方法上坚持了多学科之间的交叉与综合。

衷心感谢我的导师北京师范大学袁贵仁教授和韩震教授对本书写作的关心、指导和修改，殷殷教诲终身难忘。这些教诲让我紧张，又时刻鞭策我努力学习、刻苦钻研。在您们的教诲下，我感受着思想的成长，慢慢体味哲学让生命由苍白而丰富、由萌发到绽放、由肤浅而深邃的过程。

感谢北京师范大学哲学与社会学学院杨耕教授、吴向东教授、晏辉教授、吴玉军教授、王葎副教授对本书提出的宝贵意见，使我受益匪浅。感谢中国社会科学院文化研究中心贾旭东研究员和北京教育考试院的领导同事们在我写作遇到困难时对我的鼓励和帮助。

本书的出版得到了北京师范大学价值与文化研究中心的支持和资助，人民出版社的领导和责任编辑对该书的出版付出了大量心血，在此表示由衷的感谢。

石芳　2014 年于北京教育考试院

责任编辑:娜　拉
装帧设计:楠竹文化
责任校对:张　彦

图书在版编目(CIP)数据

多元文化背景下的核心价值观教育/石芳 著. −北京:人民出版社,2014.9
ISBN 978 − 7 − 01 − 013981 − 4

Ⅰ.①多⋯　Ⅱ.①石⋯　Ⅲ.①社会主义教育-价值论-研究-中国
　Ⅳ.①D616

中国版本图书馆 CIP 数据核字(2014)第 220510 号

多元文化背景下的核心价值观教育
DUOYUAN WENHUA BEIJINGXIA DE HEXIN JIAZHIGUAN JIAOYU

石　芳　著

人民出版社 出版发行
(100706　北京市东城区隆福寺街 99 号)

北京汇林印务有限公司印刷　新华书店经销

2014 年 9 月第 1 版　2014 年 9 月北京第 1 次印刷
开本:710 毫米×1000 毫米 1/16　印张:17
字数:300 千字

ISBN 978 − 7 − 01 − 013981 − 4　定价:39.00 元

邮购地址 100706　北京市东城区隆福寺街 99 号
人民东方图书销售中心　电话 (010)65250042　65289539